Luca Stefano Cristini

1618-1648

Storia della Guerra
dei
Trent'anni

GLI ANTEFATTI E LA FASE PALATINO BOEMA

Volume I

SOLDIERSHOP PUBLISHING

AUTORE

Luca Stefano Cristini, bergamasco, appassionato da sempre di storia militare. Ha diretto per diversi anni riviste nazionali specializzate di carattere storico e uniformologico. Ha al suo attivo numerose collaborazioni con i principali editori di materie storiche come Albertelli, De Agostini, Mondadori (Focus) e Isomedia per varie loro pubblicazioni. Ha pubblicato il suo primo importante lavoro, su due tomi, dedicato alla guerra dei 30 anni (1618-1648) il primo mai stampato in Italia sull'argomento. L'autore ha oggi al suo attivo molti titoli delle collane Soldiershop, Bookmoon e Museum sia in qualità di autore che di illustratore.

NOTE EDITORIALI

RINGRAZIAMENTI

L'autore desidera ringraziare in particolare Bruno Mugnai che in anni di amicizia e collaborazione mi ha instillato e rafforzato la passione per il "secolo barocco", dai parrucconi, a Henry Purcell, da Gustavo Adolfo a Wallenstein...
Ringrazio qui anche gli antichi collaboratori della prima storica edizione. Da Ugo Barlozzetti, Giuseppe Pogliani e Sergio Valzania, Peter Engerisser, il sig. Friker di Dinkelsbul, Gianpaolo Bistulfi e Olga Dugo. Dimentico certamente (e me ne scuso) molti altri che nel corso degli anni hanno dato il loro prezioso contributo a che questo lavoro vedesse finalmente la luce. La stragrande maggioranza delle immagini, in special modo quelle inedite, e la gran parte delle stampe originali del 600 appartengono all'autore. Per tutte le altre fonti si ringraziano ovviamente tutti i musei, i collezionisti privati e gli archivi fotografici dalle quali provengono e che dove possibile hanno concesso e fornito gentilmente il materiale fotografico per il volume. L'Editore rimane in ogni caso a disposizione degli eventuali aventi diritto per tutte le fonti iconografiche dubbie o non identificate.

Ad Amilcare e Giuseppina

Title: **1618 - 1648 STORIA DELLA GUERRA DEI TRENT'ANNI**
Vol. 1 Gli antefatti e la fase Palatino-Boema
By Luca S.tefano Cristini. First edition by Soldiershop. September 2018

ISBN code: 978-88-93273042
Published byLuca Cristini Editore, via Orio, 35/4 - 24050 Zanica (BG) ITALY.
www.soldiershop.com - www.cristinieditore.com

Luca Stefano Cristini

1618-1648

Storia della Guerra
dei
Trent'anni

GLI ANTEFATTI E LA FASE PALATINO-BOEMA

Volume I

SOLDIERSHOP PUBLISHING

1648

PREFAZIONE E NOTE DELL'AUTORE

La guerra dei 30 anni fu un conflitto "globale". Dal 1618 fino a quasi la metà del XVII secolo, pressoché tutte le più importanti nazioni del mondo "passarono" attraverso questo disastro e ne furono pesantemente implicate.

In Europa solo l'Inghilterra non ne fu direttamente coinvolta, ma negli anni 40 del '600, anche sull'isola iniziò quella sanguinosa serie di scontri noti come guerre civili. Le Americhe, in qualità di colonie della corona spagnola, fornirono l'oro e l'argento necessari agli Asburgo per mantenere i loro costosissimi eserciti e le loro relative campagne militari.

Le flotte olandesi, quelle baltiche, inglesi ed imperiali furono in questi anni perennemente in scontro sui vari oceani, chi per portare le ricchezze coloniali, chi per depredarle.

Insomma anche una gigantesca guerra di corsa. Fu, in sostanza, la prima vera guerra mondiale.

In diversa misura i conflitti precedenti ed anche quelli successivi, furono più circoscritti e soprattutto più localizzati, perlomeno fino alle guerre napoleoniche, conflitti che in ogni modo durarono complessivamente la metà del tempo occorso al grande conflitto seicentesco.

Nel 1648, dopo la pace di Westfalia, nacque l'Europa moderna, al termine di un tribolato processo durante il quale, alla pari dei finali e festosi fuochi d'artificio, esplosero anche le numerose contraddizioni che da oltre un secolo avevano dato inizio alla Riforma.

Nella preparazione di questo libro ho letto e consultato numerosi libri, riviste e varie fonti; ho inoltre svolto ricerche mirate sul web. Mi sono valso di moltissimo ed interessante materiale coevo come il poderoso *Theatrum Europaeum* di Abelinus con le fantastiche incisioni del Merian, che in buon numero sono poi riportate nella Pubblicazione. Degli *Annales Ferdinandei* e soprattutto delle grandi *"Historie"* di un testimone diretto quale fu il nobile veneto Galeazzo Gualdo Priorato. Cito qui anche i lavori contemporanei del Brusoni, del Capriata, di padre Foresti e del Montecuccoli; quello dei grandi storici successivi quali il Muratori, Il Cantù e l'Hardion. L'opera dello Schiller insieme alla bella biografia del Wallenstein di Golo Mann. Ancora il fascinoso romanzo "Memorie di un cavaliere" di Defoe, le "fatiche" di fine 800 e primi 900 di Guglielmo Oncken e del nostro Romolo Guazza.

Fino ai canonici tomi sul conflitto dei trent'anni realizzati nel secolo scorso e che hanno trovato almeno una traduzione nel nostro paese, su tutti: il libro della Weegwood, quelli del Parker, del Pagès e di Polisensky.

L'interessante ricerca sui documenti dell'epoca curata da Angelo Turchini e, per finire, l'encomiabile e superbo lavoro del ricercatore americano William Guthrie con i suoi due tomi pieni di dettagli e particolari, dedicati alle battaglie della Guerra dei 30 anni.

Testi incredibilmente ricchi di dati e notizie in merito agli aspetti militari e bellici più importanti fra i numerosi avvenuti durante il conflitto. Come certamente avrete intuito, si è trattato di una impresa enorme costata un numero impressionante d'ore di lavoro.

Ho in ogni caso conservato sempre molto entusiasmo nella preparazione di questo libro. Testo che orgogliosamente può venire considerato il primo grande lavoro contemporaneo in italiano, organicamente dedicato a questo importante periodo della storia europea.

Ricco di numerose appendici e corollari dedicati ai fatti più importanti e ai personaggi chiave. Segnalo infatti anche l'inedito inserimento delle testimonianze coeve, inserite a guisa di giornale del tempo alla fine di ogni capitolo.

Le convenzioni adottate per le date rispettano il calendario riformato di Gregorio XIII del 1582, salvo diversa indicazione. Tuttavia può capitare che avendo analizzato numerose fonti, specialmente di scrittori protestanti, svedesi e anglosassoni, si possa essere incorsi in qualche errore di 10 o 11 giorni in meno, dovuti al ritardo di queste nazioni nell'adeguarsi al datario gregoriano.

I nomi di persona e di luogo sono scritti prevalentemente nell'eventuale consolidata versione italiana; altrimenti siamo ricorsi alla forma generalmente privilegiata. Infine la valuta di riferimento usata è stata indicata in tallero imperiale dove possibile, nel fiorino in altri casi.

Sperando che tutti possiate apprezzare quanto è stato fatto, auguro a quanti vorranno avvicinarsi a questo libro una buona lettura.

▲ *Scena di battaglia 1630 circa. Tela di Sebastiaen Vrancx (1573-1647)*

CAPITOLO 1

LA GUERRA DEI TRENT'ANNI 1618-1648
Il primo grande conflitto europeo

Con il termine Guerra dei Trent'anni vengono definiti tutti quei conflitti combattuti tra il 1618 e il 1648, in cui furono coinvolte tutte le maggiori potenze dell'Europa continentale. Gli scontri, maturati da fattori religiosi e politici, ebbero inizio fra i seguaci tedeschi della Riforma protestante contro i loro connazionali cattolici, entrambi appoggiati da potenze e fazioni esterne. Subito dopo la prima fase boema iniziata con una rivolta religiosa che avrebbe potuto facilmente venire isolata,la guerra travolse nella lotta, in modi diversi, quasi tutti gli stati europei. Al conflitto iniziale si aggiunsero quindi rivalità dinastiche, la determinazione di molti principi tedeschi di liberarsi dal potere imperiale e l'opposizione di alcune potenze europee (soprattutto Svezia e Francia) al predominio imperiale degli Asburgo. La guerra, che fu una tra le più distruttive della storia europea e mondiale, viene tradizionalmente suddivisa in quattro fasi: la boemo-palatina-tedesca (1618-1625); la fase danese-olandese (1625-1629); la fase svedese (1630-1635) ed infine la fase francese (1635-1648). Questo scontro fu una catastrofe che gettò gran parte dell'Europa in un abisso di crudeltà, immani disastri e di barbarie. Tuttavia, benché gli stati scandinavi, Francia e Inghilterra, l'Italia e i Paesi Bassi rappresentassero una parte pur consistente nella tragedia, il principale teatro della guerra fu quasi sempre l'impero, rappresentato in gran parte dalla attuale Germania, e primi a soffrirne furono per l'appunto il popolo tedesco e quello boemo. Il conflitto aggiunse una grave depressione sociale ad una drastica crisi economica, producendo devastazioni feroci di cui la storia offre pochi esempi simili. Le popolazioni rurali, i contadini e tutti i cittadini dell'impero tedesco subirono il peggio: saccheggi, carestia, fame, persino cannibalismo. Interi villaggi scomparvero e intere popolazioni sterminate (famoso fra tutti il famigerato sacco di Magdeburgo).

La Germania, che agli inizi del secolo era in primo piano nella civiltà europea, alla fine della guerra si ritrovò priva di letteratura e di arte, nella bancarotta più profonda, con un paese insomma che ricominciava da zero, richiamando in ciò il titolo del famoso film di Roberto Rossellini, "Germania anno zero" anch'esso ambientato alla fine di un'altra disastrosa guerra che coinvolse il popolo tedesco quasi tre secoli dopo.

▲ *Il papa, l'imperatore e il popolini. Stampa di Otto Van Veen*

▲ 8 Novembre 1620 battaglia della Montagna Bianca presso Praga (Santa Maria della Vittoria Roma)

LE FASI DELLA GUERRA DEI 30 ANNI – CRONOLOGIA

Antefatti e Fase boemo-palatina (1618-1623)

Episodi, battaglie e diete, oltre che principali fatti artistici, scientifici o letterari riportate in ordine cronologico. Con asterisco sono indicate le vittorie protestanti.

1555 pace di Augusta

1598 editto di Nantes pace fra le varie religioni

1608 15 Maggio istituzione della unione evangelica ad Ahausen

1608 crisi di Donauwörth

1609 rivolta in Boemia che culminerà con le garanzie della lettera di Maestà

1609 25 Marzo morte del duca di Clèves-Jülich

1609 10 Giugno istituzione della lega cattolica a Monaco con l'esclusione dell'Austria

1609 9 Luglio lettera di Maestà rilasciata dall'imperatore Rodolfo 1610 crisi per la successione dei ducati del Clèves-Jülich

1610 14 Maggio assassinio del re di Francia Enrico IV in Ottobre diventa re Luigi XIII

1612 20 Gennaio muore Rodolfo II d'Asburgo

1613 Aprile prima guerra della Successione di Mantova

1614 guerra degli Uscocchi fra Venezia e l'Austria

1616 Settembre seconda guerra della Successione di Mantova

1616 l'inglese William Harvey scopre le modalità della circolazione sanguigna

1617 19 Giugno Ferdinando di Stiria nominato re di Boemia

1617 Guerra di Livonia fino al 1618 fra Svezia e Polonia

1617 22 Ottobre Gustavo Adolfo incoronato re di Svezia

1618 L'astronomo tedesco Giovanni Keplero pubblica l'*Epitome Astronomiae Copernicanae*

1618 Febbraio pace di Madrid fra Venezia e gli Asburgo

1618 23 Maggio defenestrazione di Praga (ha formalmente inizio la guerra dei 30 anni)

1618 Settembre assedio di Pilsen da parte di Mansfeld *

1618 Settembre sconfitta degli imperiali a Pilgram-Lomnitz *

1618 Dicembre primo tentato assedio di Vienna da parte boema

1619 Guerra civile in Francia fino al 1620

1619 Guerra polacco turco fino al 1621 1619 20 Marzo muore l'imperatore Mattia

1619 Maggio trattato di Rivoli

1619 Maggio-Giugno secondo tentato assedio di Vienna

1619 10 Giugno vittoria imperiale su Mansfeld a Zablat

1619 sconfitta degli imperiali a Wisternitz in Moravia *

1619 8 Luglio dieta generale boema a Praga

1619 13 Agosto deposizione di Ferdinando dal trono Boemo

1619 27 Agosto Federico V Palatino viene eletto re di Boemia

1619 30 Agosto Ferdinando di Stiria diventa imperatore con il nome di Ferdinando II

1619 Bethlen Gabor conquista Pressburg *

1619 24 Ottobre Bucquoy ferma i transilvani nello scontro di Ulrickskirchen

1619 Novembre ultimo tentativo boemo di assediare Vienna

1619 21 Novembre gli ungheresi sconfiggono i transilvani nello scontro di Ztopko

1619 Monteverdi pubblica a Venezia: *madrigali concertati e musiche in "genere rappresentativo"*

1619 Un giovane Bernini esegue per Scipione Borghese il suo primo gruppo scultoreo in marmo

1619 Dicembre Descartes completa *Compendium Musicae* in cui ha sintetizzato le sue riflessioni matematiche e musicali

1619 Dicembre Rubens termina ad Anversa l'Adorazione dei pastori e la Pentecoste

1620 3 Luglio trattato di Ulm

1620 Francesco Bacone pubblica il *Novum Organum*, una delle pietre miliari del metodo scientifico

1620 19 Luglio sacro macello di Valtellina e guerra dei grigioni fino al 1626

1620 Agosto Bethlen gabor invade di nuovo l'Ungheria

1620 Agosto Spinola invade il Palatinato

1620 Agosto gli Asburgo occupano la Valtellina

1620 4 Agosto Linz si arrende a Tilly

1620 Tommaso Campanella pubblica a Francoforte in 4 volumi il *De sensu rerum et magia*

1620 8 Settembre incontro degli eserciti cattolici a Horn

1620 16 Settembre i Padri Pellegrini salpano da Plymouth a bordo della Mayflower

1620 5 Ottobre i sassoni occupano Bautzen e concludono la guerra in Lusazia

1620 9 Ottobre Dampierre muore nell'assalto fallito di Pressburg

1620 30 Ottobre scontro di Rakonic

1620 8 Novembre battaglia della Montagna Bianca presso Praga

1621 Il matematico britannico William Oughtred inventa il regolo calcolatore

1621 a Herborn in Assia viene piantata la prima patata tedesca

1621 31 Marzo muore Filippo III

1621 scade la tregua dei Paesi bassi e si riaccende il conflitto con la Spagna

1621 Guerra di Riga fra Svezia e Polonia

1621 21 Giugno esecuzioni di Praga

1621 13 Luglio muore l'arciduca Alberto governatore delle Fiandre

1621 25 Settembre gli svedesi conquistano Riga

1621 Settembre Gli Asburgo occupano i Grigioni

1621 Ottobre i bavaresi occupano l'alto Palatinato

1622 16 Gennaio secondo matrimonio per Ferdinando II con Eleonora di Gonzaga

1622 22 Giugno fondazione della congregazione "Propaganda Fide"

1622 26 Gennaio pace di Nikolsburg con B.Gabor

▲ *Battaglia di Hochst 20 giugno 1622. M.Merian*

1622 Febbraio assedio di Julich da parte di Spinola

1622 30 Marzo scontro fra le avanguardie del Mansfeld e Tilly

1622 4 Aprile la cavalleria del Tilly mette in fuga i soldati di Mansfeld a Weingarten

1622 27 Aprile battaglia di Wiesloch-Mingolsheim *

1622 6 Maggio vittoria imperiale a Wimpfen

1622 8 Maggio Mansfeld occupa Ladeburg *

1622 17-22 Maggio Mansfeld in Alsazia sconfigge gli imperiali a Haguenau

1622 Giugno conferenza di Bruxelles

1622 5 Giugno gli eserciti imperiali si ricongiungono a Aschaffenfurg

1622 10 Giugno scontro di Lorsch

1622 20 Giugno battaglia di Hochst

1622 13 Luglio Federico Palatino licenzia Mansfeld e Brunswick

1622 4 Luglio Tilly assedia Heidelberg che cade il 19 Settembre

1622 29 Agosto battaglia di Fleurus

1622 estate Spinola inizia l'assedio di Bergen op Zoom ma abbandona il 4 di Ottobre

1622 Ottobre Olivares diventa primo ministro in Spagna

1622 18 Ottobre Pace di Montpellier con gli ugonotti francesi

1622 5 Novembre cade anche Mannheim

1622 Dicembre ha inizio la conferenza di Ratisbona

1623 Prima edizione totale delle opere di William Shakespeare

1623 Diego Velázquez diventa pittore di corte di Filippo IV

1623 25 Febbraio l'elettorato del Palatinato passa nelle mani del duca di Baviera Massimiliano

1623 Marzo Il Brunswick conquista il circolo della Bassa Sassonia

1623 6 Luglio battaglia a Keiffenhausen fra protestanti e imperiali di Alberto di Sassonia-Lauenburg *

1623 8 Luglio muore il papa Gregorio XV gli succede Urbano VIII (Maffeo Vincenzo Barberini)

1623 6 Agosto battaglia di Stadtlohn

1624 Gennaio Mansfeld scioglie il suo esercito.

1624 Luglio inizia l'assedio spagnolo di Breda

1624 13 Agosto Richelieu diventa ministro di Francia fino al 1642

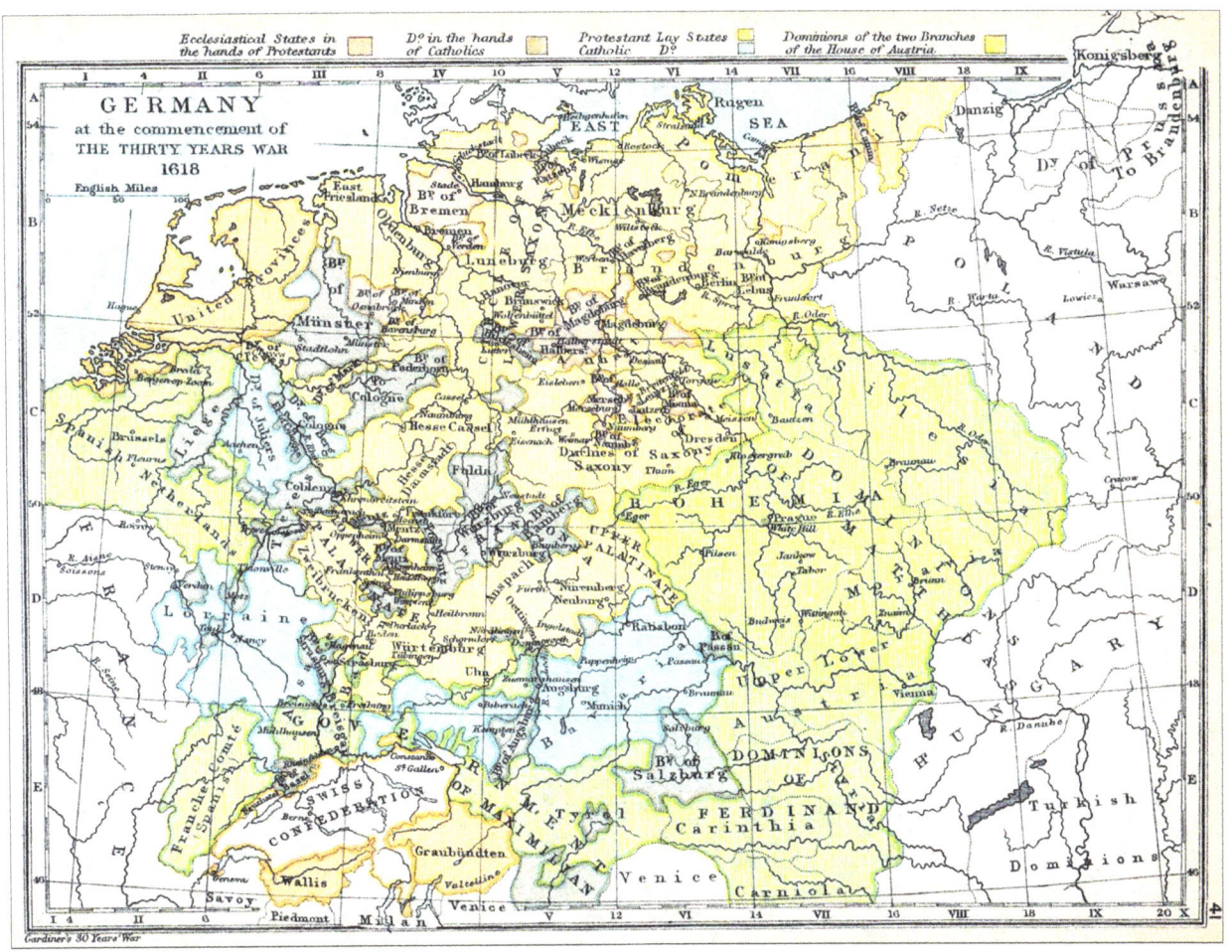

▲ *La situazione del centro Europa nel 1618, allo scoppio della guerra dei trent'anni*

LA SITUAZIONE IN EUROPA INIZIO 600 - GLI ANTEFATTI

Agli inizi del '600 sembrava che in Europa vi fossero sostanzialmente due religioni dominanti e consolidate: la cattolica e la protestante. In verità ve ne erano almeno quattro. La riforma ebbe difatti padri diversi che maturarono esperienze spesso anche molto in contrasto fra di loro.

In primo vi erano i Luterani, da Martin Lutero che diede il via alla riforma in Germania, con la famosa affissione delle 95 tesi di Wittenberg nel 1517; poi si aggiunsero i Calvinisti dal nome del predicatore bretone Giovanni Calvino, propugnatore di una severa dottrina che fece di questa seconda branca del protestantesimo l'ala per cosi dire estremista rispetto alla chiesa cattolica.

Ma i calvinisti odiavano spesso assai più il loro cugini luterani (odio sovente ricambiato) che non i papisti romani. Calvinisti erano pure gli Ugonotti francesi che conosceranno da vittime, la notte di San Bartolomeo nel 1572, apice della lotta che in Francia li vide contrapposti ai dominanti cattolici.

Infine vi erano gli anglicani inglesi, una forma di protestanti che conservavano alcune tradizioni cattoliche, e per questo motivo si attirarono l'opposizione del movimento dei puritani, sorta di calvinisti inglesi. La riforma nel suo primo secolo di vita si diffuse "a macchia di leopardo", soprattutto nel centro e nel nord Europa: in Germania, Polonia, Boemia, Austria, Francia e nei paesi scandinavi. La Chiesa cattolica contrattaccò questo scisma con il concilio di Trento del 1545 e la conseguente controriforma, rappresentata soprattutto dalla fondazione nel 1534 della compagnia di Ignacio di Loyola, meglio conosciuta come la compagnia di Gesù.

I gesuiti, ferrea ed efficace organizzazione di preti-soldati, rappresentarono una formidabile forza di combattimento per la propagazione delle fede cattolica e per l'estirpazione dell'eresia con ogni mezzo, a cominciare dall'Inquisizione, nata prima in Spagna e poi diffusasi e perfezionata a Roma. Ebbero, a loro volta, dei nemici interni nell'ordine cattolico dei cappuccini, attivi soprattutto in Francia. Questa dualità di vedute e di interessi, fautrice di insanabili conflitti, sarà anche causa di futuri scontri fra le due grandi potenze cattoliche dell'Impero e della Francia.

Su gran parte dei territori europei del seicento comandavano alcune famiglie-stato.

La più forte di queste era la dinastia degli Asburgo, che attraverso i suoi due rami, quello tedesco e quello spagnolo, dominava sull'Austria e le sue province, L'Ungheria, la Boemia, la Lusazia, la Moravia, la Slesia, l'Alzaia e la Borgogna, i Paesi Bassi, la Spagna ed il Portogallo, il nuovo mondo ed in buona parte d'Italia: Milano, Napoli e altri ducati minori.

Inoltre gli Asburgo detenevano, tradizionalmente anche l'importante corona imperiale del Sacro Romano Impero che a sua volta aveva giurisdizione su buona parte della Germania.

A contrastare questo strapotere continentale si pose la Francia e la sua nuova dinastia, quella dei Borboni, iniziata da Enrico di Navarra che sventò i numerosi tentativi di ingerenza spagnola sulla corona di Francia.

Questo grande paese venne a trovarsi nella scomoda situazione di trovarsi completamente accerchiato dagli storici nemici Asburgo, ancor più se a questi ultimi fosse riuscita l'operazione di sottomissione dei ribelli olandesi.

◄ *A sinistra dall'alto in basso: Maurizio d'Orange governatore delle Provincie unite (1567-16259 Tela di Mierevelt. Enrico IV re di Francia. Ritratto dal Pourbus (Louvre Parigi). I coniugi e arciduchi Alberto d'Asburgo e Isabella, governatori dei Paesi Bassi Spagnoli. Groeninge Museum, Bruges dipinto del Pourbus*

La Francia dei primi del seicento era un paese che aveva già iniziato dall'editto di Nantes del 1598 una pacificazione religiosa al suo interno.

Questa situazione favorì una ripresa economica e commerciale e conseguentemente un rafforzamento della corona. Tuttavia la forte minoranza ugonotta che, grazie agli accordi controllava un centinaio di piazzeforti, unita alla pesante ingerenza di spie ed agenti imperiali e spagnoli, costituiva una minacciosa quinta colonna interna che rendeva ancora instabile la sicurezza del paese.

Unici incerti alleati della Francia, a seconda degli sviluppi del conflitto, furono la Savoia, Venezia ed il Papa, padre spirituale delle potenze cattoliche. La Spagna dell'epoca era altresì un gigante dai piedi d'argilla, ormai rivolto in un inesorabile declino, roso da debiti sempre crescenti, che periodicamente il governo cancellava d'ufficio, ottenendo così solo di aumentare il malcontento del popolo che solo sosteneva le gabelle dalle quali era esentato il potente clero cattolico.

Questa balena ferita era però ancora in grado di sferrare poderosi e micidiali colpi.

Gli assi nella manica della corte spagnola erano, come per i semi delle carte, quattro: le miniere d'oro e d'argento del nuovo mondo, l'assoluta fedeltà delle fiandre spagnole, la possibilità di forte arruolamento militare in Italia ed un generale di prim'ordine: il genovese Ambrogio Spinola.

Quattro assi che garantivano il mantenimento di un forte esercito, reputato il migliore dell'epoca, ed un base nelle Fiandre che sembrava poter permettere la riconquista delle ricche province ribelli, e con essa la sistemazione e la conseguente ripresa economica.

Vi era poi la situazione olandese, le cosiddette sette Province unite, di religione a maggioranza protestante, ribellatesi negli ultimi anni del 500 alla Spagna che ne conservava la parte cattolica a sud (l'attuale Belgio). Questo conflitto durato più di 40 anni, si era concluso nel 1609 con la firma di una tregua armata di 12 anni, firmata

▲ *Le sette teste di Martin Lutero. Foglio satirico coevo*

più per prendere fiato e riprendere il tentativo di sottomissione, che per un preludio alla pace.

Le province unite, avevano, a dispetto dell'aggettivo, molti punti di disaccordo e disunione. Erano a maggioranza protestante, ma con forti minoranze cattoliche.

Il vero collante era dato dalla forza e dalla personalità del loro leader: Maurizio d'Orange.

L'espansione commerciale e navale degli olandesi crebbe in quegli anni in maniera esponenziale. Strategicamente la loro presenza disturbava sempre più i potenti vicini, soprattutto l'Inghilterra, la Danimarca e la Svezia.

L'Inghilterra del tempo stava diventando una grande potenza, più ricca, ma assai meno forte militarmente della Spagna. Stava però in una fase critica interna che sfocerà verso la metà del secolo in una sanguinosa serie di guerre civili.

Gli inglesi erano comunque troppo avversi ai cattolici per allearsi con la Spagna, e troppo commercialmente concorrenti con gli olandesi e gli scandinavi per stare dalla loro parte e finirono con l'estraniarsi di fatto dal grande conflitto seicentesco. Assai più determinate a prendere posizione in difesa degli interessi protestanti furono invece le due potenze scandinave dell'epoca: Danimarca e Svezia.

Questi due paesi, entrambi luterani, erano governati da sovrani molto dinamici ed energici.

La Danimarca guidata da Cristiano IV era una nazione con i conti a posto; il passaggio dal Sound comportava pedaggi che avevano rafforzato e reso forte la corona danese, in più Cristiano essendo signore dell'Holstein, aveva per così dire, già un piede sulla Germania. Sarà infatti il primo ad intervenire con poca fortuna nel conflitto.

Costretto ad accettare una pace con pesanti condizioni, continuerà la sua politica nel tentativo di rafforzare il suo regno, ma dovrà fare i conti con il suo sempre più forte vicino svedese, che finirà col relegare la potenza danese in posizione subordinata. La Svezia, aveva sul trono Gustavo Adolfo Vasa che si dimostrerà uno dei più fulgidi geni militari del suo tempo. Con il suo intervento nella guerra, rimescolerà le carte, fino ad allora sorridenti solo agli Asburgo. Riuscirà nella titanica impresa di reggere contemporanei conflitti contro la Polonia, la Danimarca e la Russia. La potenza svedese raggiungerà il suo apice nella storia europea, assicurandosi con la pace di Westfalia, ampie porzioni della Germania del nord ed il dominio del Baltico. Infine fra le potenze del Nord va segnalata anche la ormai decaduta Lega Anseatica. Un tempo molto importante, questa unione di gloriose città portuali quali Lubecca, Amburgo, Stralsund, Rostock e altre, a differenza delle province unite, non riuscì a trovare o a conservare quella coesione che gli avrebbe permesso di assurgere a nazione storica con capacità di potenza strategica come l'Olanda.

Va segnalata infine la Polonia, il grande stato ad est dell'impero. Governata da un re svedese Sigismondo Vasa, che vantava fra l'altro diritti ereditari anche sul grande paese scandinavo, essendo per l'appunto figlio di un Re di Svezia.

Diritto che aveva finito col perdere per motivi religiosi. Egli era come Ferdinando di Stiria, un fervente cattolico, anch'egli educato dai Gesuiti. Oltretutto era doppiamente imparentato con la casa d'Austria, avendo sposato, per ben due volte, donne della famiglia Asburgo.

La sua posizione geografica, inseriva la Polonia fra gli svedesi a nord, l'impero ad Ovest, la Turchia a sud e la nascente potenza russa ad est.

Tutto questo provocò continui conflitti con svedesi e turchi. Questo fatto favorì nei primi anni il progetto asburgico di chiudere la guerra in breve tempo. Infine in Italia vi era l'incerta posizione del papato, che si allineerà per gran parte del conflitto alla cattolicissima casa Asburgo, con alcune eccezioni dovute più ai capricci dell'uomo che negli anni occuperà il soglio di Pietro (in gran parte appannaggio di Urbano VIII il cui pontificato corse dal 1623 al 1644), ed anche in misura di meri calcoli strategici che vedevano con giusto timore il rafforzamento imperiale e spagnolo sulla penisola. Compito spirituale massimo del pontefice sarebbe stato quello di riconciliare le tre grandi potenze cattoliche, con esiti che sarebbero stati certo favorevoli alla chiesa romana ed alle sue aspirazioni.

Tutto questo si dimostrò arduo ed impossibile ad ottenersi, costringendo Roma ad una difficile e spesso incerta presa di posizione.

Segnaliamo ancora la guerra degli Uscocchi (dallo slavo uskoci), popolazioni balcaniche che, rifugiatisi dopo il 1526 sulla costa dalmata sotto l'avanzata ottomana. Questi divennero abili corsari al servizio degli Asburgo d'Austria contro la Repubblica di Venezia e contro lo stesso impero ottomano. Venezia iniziò allora una repressione che provocò nel 1614 una guerra contro l'Austria.

Questo conflitto terminò nel 1617 con la mediazione francese nella pace di Madrid, grazie alla quale gli Asburgo s'impegnarono a far cessare le scorrerie degli Uscocchi, i quali a loro volta vennero deportati con la forza nell'interno della Croazia. Venezia a sua volta aveva sempre le sue gatte da pelare contro il turco, e si chiamerà sempre fuori dal conflitto trentennale.

Non rinunciò però saggiamente a far valere la sua sfera strategica, soprattutto nel controllo diretto della cosiddetta via spagnola, che attraverso la Valtellina, che per l'appunto confinava per decine di miglia con il territorio della Serenissima, raggiungeva il centro dell'Europa.

Questa era infatti la via che permetteva agli spagnoli il rapido trasferimento di truppe e mezzi dal ricco serbatoio dell'Italia del nord fino alle fedeli Fiandre cattoliche.

A complicare la geografia del 1618 manca solo la struttura di una nazione che ancora non era, se non nella incredibile somma di circa 350 staterelli, principati, margraviati ed altro che allora costituivano la Germania!

▲ *Battaglia inizi XVII secolo. Quadro di Pieter Meulenaer (1602-1654)*

CARLO EMANUELE I DUCA DI SAVOIA 1562-1630

Nato a Rivoli, vicino a Torino nel 1562, figlio di Emanuele Filiberto, divenne Duca di Savoia nel 1580 a diciott'anni. Marchese di Saluzzo, Principe di Piemonte e Conte d'Aosta, Moriana e Nizza oltre che Re Titolare di Cipro e Gerusalemme.

Sposa Caterina Michaella di Spagna (1567-1597), figlia di Filippo II re di Spagna e in seconde nozze Elisabetta di Valois dalle quali ebbe ben 10 figli, di cui ricordiamo il primogenito Filippo Emanuele (1586-1605), il futuro duca Vittorio Amedeo I (1587-1637), Emanuele Filiberto che fu Viceré di Sicilia (15881624), Margherita (1589-1655) che sposerà Francesco IV Gonzaga di Mantova e Tommaso Francesco "il soldato" (1596-1656).

Di carattere irruente e soggetto a mire espansionistiche inaugurò una politica aggressiva approfittando della rivalità tra Francia e Spagna. Invase il marchesato di Saluzzo nel 1588 e tentò audacemente di conquistare la Provenza due anni dopo ma fu costretto a ripiegare in Piemonte, invaso dalle truppe di Enrico di Borbone, il futuro re di Francia, che rivendicava per sé il marchesato.

Solo nel 1601, con la pace di Lione conclusa tra Carlo Emanuele ed Enrico IV, i Savoia si videro riconosciuto questo territorio in cambio di una somma di denaro e di alcuni territori oltralpe. In seguito il duca rivolse le sue ambizioni sul Monferrato, inserendosi senza troppo successo nelle due guerre di successione che videro coinvolte anche la Francia e Spagna per la conquista del marchesato.

Molto attivo nella prima parte della guerra dei 30 anni per l'ambiziosa prospettiva che cullava in merito al trono di Boemia, arruolò allo scopo, un esercito sotto il comando del conte di Mansfeld che si rese protagonista in tutta la prima fase della guerra. Dopo la sconfitta della

▲ *Carlo Emanuele I, dipinto di G. Caracca (casa Cavassa)*

Montagna bianca, il duca di Savoia si ritirò dal teatro tedesco. Morì a Savigliano, vicino a Cuneo nel 1630. Gli succede il figlio Vittorio Amedeo, che diverrà Duca di Savoia con il nome assegnato di Vittorio Amedeo I.

▲ *Ritratto del Kaiser Rodolfo d'Asburgo (1552-1612). Tela di Hans Von Aaachen*

IL SACRO ROMANO IMPERO

Formalmente dipendente dagli Asburgo, grazie ad una lunga successione sul trono imperiale, il Sacro Romano Impero, all'epoca contava circa 21 milioni di abitanti. Esso era, in realtà, un coacervo di innumerevoli autorità, alcune di esse addirittura straniere ed esterne al mondo germanico, come il caso della regione dell'Holstein, dipendente dalla corona danese. Altre importanti fette dell'impero dipendevano dal re di Spagna. Ancora, molti principi tedeschi avevano possedimenti fuori dall'impero, come il caso dell'elettore del Brandeburgo.

A complicare il tutto, vi era anche la tradizione in alcuni principati, come ad esempio l'Assia-Kassel, dove l'eredità andava spartita fra tutti i figli del principe, cosa che provocava un'ulteriore frammentazione del già lacerato territorio tedesco. Ad esempio, nel già piccolissimo stato di Anhalt nel 1618 esistevano al suo interno altri 4 microscopici principati. Oltre a questi stati vi erano poi le cosiddette città libere, indipendenti da tutti, fuorché dall'Imperatore.

Alcune molto importanti come Norimberga e Ulm, altri erano solo minuti villaggi insignificanti. La chiesa aveva a sua volta proprietà sparse un po' in tutto l'impero: abbazie, conventi e vescovati indipendenti, come quello importante di Munster, città che ospiterà i trattati di pace negli anni 40 del '600.

Un' ulteriore componente divisoria era data dai cavalieri o nobili che in numero di molte centinaia avevano le loro piccole giurisdizioni.

In totale vi erano quindi circa 2.000 autorità che si spartivano il potere reale del grande paese.

Anche tenendo conto dei più piccoli e importanti di essi, possiamo affermare che, all'epoca, vi erano in Germania almeno 300 stati.

Va però detto che di tutta questa immensa corte di regnanti, solo una decina godevano di una reputazione sufficiente a condizionare la vita della nazione e della politica europea.

A disposizione dell'Imperatore vi erano due meccanismi di controllo.

Il primo, sostanzialmente teorico e di nessuno o

▲ La corte imperiale. Incisione di Jacques Callot (1592-1635)

quasi potere deliberativo visto lo scarso uso che se ne fece, era la Dieta, che l'Imperatore poteva convocare per presentare proposte di legge. Questo organismo era fallace in molti aspetti e nel corso degli anni era diventato talmente macchinoso e complesso dal rendere sostanzialmente non utile ogni suo ricorso, tanto che divenne di moda accusare l'Imperatore di tirannia per il fatto di non far mai uso della Dieta, ma a suo discapito va riaffermato che governare con essa era diventato impossibile.

Assai più condizionante era invece il secondo organismo: il Collegio degli Elettori.

Ad esso spettava la nomina del nuovo imperatore. Questo rendeva i sette elettori i veri giudici dell'impero. Reggenti che godevano di una certa autonomia. I sette potevano essere convocati dal presidente che era un elettore ma non poteva essere l'imperatore, la Dieta poteva essere convocata solo dietro il loro consenso. Essi potevano dire la loro e condizionare l'organizzazione militare e fiscale, coadiuvati in questo dalle diete delle dieci circoscrizioni in cui risultava diviso l'impero.

La caratteristica che conservò sempre il potere agli Asburgo fu la loro ricchezza, immensamente superiore a quella di qualsiasi altro principe.

Per fare un esempio: era la Dieta che votava i contributi e le spese necessarie all'arruolamento di armate allo scopo di sedare rivolte o dispute contro l'impero. Questi soldi, così raccolti, però non bastavano mai e coprivano, generalmente solo in minima parte, i reali bisogni dell'esercito che si doveva costituire; e qui entravano in gioco le enormi risorse della casa d'Austria. Traspare quindi un potere imperiale vago e poco definito, con la dinastia da secoli dominante che si augurava di restituire al titolo veri poteri effettivi.

Il popolino nel proprio animo conservava un certo rispetto per la figura e la rappresentanza che l'Imperatore incarnava. Implicitamente ricercava la protezione dal proprio principe.

I SIGNORI DELLA GERMANIA

Abbiamo già detto dell'importanza degli elettori che in numero di sette decidevano della nomina dell'imperatore.

Tre di essi erano vescovi e rappresentavano il potere della chiesa cattolica e la tradizione che essa aveva sempre avuto nella storia dell'impero, ma che implicitamente non teneva conto della grande metamorfosi che la riforma aveva portato nella religione della Germania.

Tuttavia questo status era parzialmente soppesato dagli altri quattro elettori: tutti principi temporali, di cui ben tre di religione protestante.

L'elettore vescovo di Magonza era per carica il presidente del collegio, gli altri due erano il vescovo di Treviri e quello di Colonia.

Gli elettori temporali erano: il principe del Palatinato, quello della Sassonia, del Brandeburgo ed infine il re di Boemia. Da tempo quest'ultimo era appannaggio della casa d'Austria, e fra tutti gli elettori, era in qualche modo quello dotato di minori poteri: esso infatti poteva solo partecipare all'elezione dell'Imperatore, ed era escluso da ogni altra autorità negli affari dell'impero.

Completavano la ristretta cerchia dei personaggi influenti pochi altri principi di primo piano.

Fra essi il più importante era il Duca di Baviera, cugino dell'elettore palatino, come lui della famiglia Wittelsbach che anticamente aveva anche occupato il trono imperiale.

Citiamo poi il duca del Württemberg, i signori del Baden, dell'Assia, il duca di Lorena, quello di Brunswick e quelli di Meclemburgo e Pomerania. L'elettore Palatino era per importanza secondo solo all'imperatore. Il titolo era detenuto da tempi immemorabili dalla famiglia Wittelsbach.

L'elettore aveva la sua capitale ad Heidelberg e governava su due territori separati: il primo detto Palatinato inferiore, posto nella attuale Renania, controllava una buona parte del corso del grande fiume Reno; il secondo, detto Palatinato

▲ 1610-1620 Archibugiere a cavallo o come si diceva al tempo cavaliere da bandoliera. A destra ufficiale di un reggimento di fanteria imperiale. Tavole di Bruno Mugnai e Luca Cristini

superiore, separato dal primo e posto molto più ad est al confine tra il Danubio e la Boemia.

L'elettore Palatino era nel 1618 il giovane Federico V, che all'epoca aveva ventidue anni. Timido, di indole bonaria e fervente calvinista, alla morte del padre, appena quattordicenne ereditò il Palatinato e venne sottoposto alla attenta guida del cancelliere di suo padre: Cristiano di Anhalt, il quale esercitò sempre un forte ascendente nei confronti del giovane principe.

Anche la giovane moglie inglese Elisabetta Stuart condizionava molto le scelte di Federico.

Figlia di re Giacomo, Elisabetta era una principessa esuberante, bella, intelligente e sofisticata. Per fortuna di entrambi, godettero per tutta la vita un matrimonio felice, suggellato da una forte unione amorosa. La vita alla corte di Heidelberg fu una continua luna di miele, nonostante Elisabetta disprezzasse usi e lingua tedesca, tanto da non volerla mai imparare.

L'Elettore di Sassonia Giovanni Giorgio aveva per capitale Dresda e governava su un territorio fertile attraversato dall'Elba. Uno stato prospero e popolato, che vantava, oltre a Dresda, detta la Firenze del nord, anche la grande città di Lipsia, importantissimo crocevia e nodo commerciale.

L'elettore, un giovane e florido trentenne un po' appesantito, di aspetto bonario, molto tradizionalista, seguiva con la corte il rito luterano.

Non privo di cultura, ammise a corte alcuni intellettuali quali il famoso musicista Einrich Schutz, e mostrava una certa attitudine al lavoro di precisione e di oreficeria. Molto "tedesco" anche con il mangiare ed il bere, assai poco attento ed osservante dell'etichetta, spesso finiva una cena od un convivio in un'imbarazzante ubriacatura.

Era fedele insomma ad un noto detto che allora recitava: *"I buoi cessano di bere quando non hanno più sete. I tedeschi, invece, cominciano allora".*

L'ultimo elettore era il duca del Brandeburgo. Questi governava su un territorio vasto ma assai povero e depresso, con capitale Berlino, allora una cittadina di appena diecimila abitanti.

Lo stato era tagliato fuori dai validi commerci marittimi, in quanto alle foci dei fiumi che lo attraversavano l'Elba e l'Oder vi erano da un lato la città libera di Amburgo e dall'altra il ducato indipendente di Pomerania. La situazione andò migliorando all'inizio del grande conflitto, nel 1618 con l'acquisizione della lontana Prussia.

Giorgio Guglielmo del Brandeburgo era come Federico V Palatino, un elettore calvinista.

▲ *Incisione del 1642 di Vienna, capitale dell'impero, derivata da una precedente di Jacob Hoefnagel del 1609.*

Vecchio e senza ascendente, sempre alle prese con beghe e liti della sua corte. Timoroso degli Asburgo e dei vicini polacchi, non osava avanzare questioni e si accodava pertanto alle decisioni del suo vicino sassone.

Dei tre elettori vescovi, quello di Magonza, Giovanni Schweikard, sebbene presidente del collegio e saggia ed intelligente persona, oltre che di indole pacifica, era sfortunatamente poco ascoltato, e con nessun ascendente fuori dal ristretto collegio elettorale. Quello di Treviri, vescovo Metternich ancora peggio a dispetto del nome, era certamente il meno influente di tutti.

Infine il vescovo di Colonia Ferdinando di Baviera aveva la caratteristica "strategica" di essere il fratello del principe di Baviera Massimiliano I.

Il duca di Baviera, che per inciso, non occupava posto di elettore sebbene fosse fra i più importanti principi tedeschi.

Questo grande stato tedesco era da sempre appannaggio dei Wittelsbach, cugini degli omonimi elettori palatini. Figlio del duca Guglielmo V, ricevette una severa educazione cattolica dai gesuiti; nel 1597, dopo l'abdicazione del padre, ereditò il Ducato.

Massimiliano ha quarantacinque anni all'inizio del conflitto ed è un principe assai considerato anche dalle corti europee. Abile, paziente e ricchissimo, ma freddo, avarissimo e poco simpatico ai più. Alleato determinante e prezioso, non mancava di far sentire la sua voce, dettando o condizionando la politica dell'alleanza di cui faceva parte. Grande ed infaticabile lavoratore, organizzò lo stato moderno, e incoraggiò gli investimenti sociali ed artistici facendo di Monaco una degna e dinamica capitale.

Moralmente era un rigidissimo cattolico, in questo assai simile all'imperatore Ferdinando II.

Istituì la pena di morte per gli adulteri, ammetteva la tortura inquisitoria e spesso assisteva al supplizio di giovani presunte streghe.

Dettava restrizioni sull'uso degli indumenti, sulle feste contadine, sulle danze ecc. Vedendo promi-

▲ *Ferdinando di Baviera, Arcivescovo Elettore di Colonia e fratello del duca Massimiliano II.*

scuità ed illeciti ovunque, che regolarmente puniva in maniera sempre molto severa.

Grazie agli enormi mezzi finanziari di cui disponeva modernizzò l'esercito e ne affidò il comando al conte Joahnn Tserclaes Von Tilly.

Preoccupato per il crescente potere acquisito dall'Unione evangelica, costituita nel 1608 da Federico V, elettore del Palatinato, Massimiliano di Baviera creò a sua volta la Lega cattolica nell'ottobre del 1609 in funzione anti protestante.

Et genus, et mea me virtus terraqi marigi
Non ino patitur nomen habere loco.

Auertunt frandem mea Symbola, et hostis iniqui
Astutos removet cautio nostra dolos.

Ante ferox Signanus ago promptum agmen ad arma,
Haudik parum debent parta trophæa mihi.

Fussus in hostiles cuneos, noctuq; diex;
Peruigil, indomito robore pronus agor.

▲ *Armati e soldati dell'armata imperiale al tempo di Rodolfo II imperatore. 1615. Incisioni da Jacob de Gheyn*

GLI ASBURGO

Praga Hradcany luglio 1609

1599, Rodolfo II, approfittando di una bella notte dell'estate praghese sgombra di nuvole, in compagnia degli "amici", i notissimi astronomi Giovanni Keplero e Tycho Brahe, scruta il cielo blu nell'ardente speranza di incappare nella visione di una supernova o di una cometa cui affidare qualche valenza alchemica od oscura interpretazione esoterica.

Lo stesso Keplero tra il serio e il faceto sosteneva che si doveva condividere alla studio dell'astronomia anche un po' di astrologia *"sua sciocca figliuola"*. E' infatti l'arte, la scienza e lo studio delle materie occulte ad affascinare il vecchio ex imperatore Asburgo oramai sempre più in preda a ricorrenti stati di follia. Nel solco della tradizione della famiglia egli fu un tenace sostenitore della Controriforma e perseguitò pesantemente i protestanti allontanandoli dalle cariche di governo.

La sua politica creò un vasto malcontento. Ma proprio quando era ormai fuori di sé, emanò proprio gli editti più saggi. Infatti con il provvedimento detto *"Lettera di Maestà"* il 9 luglio 1609, concede ai sudditi boemi la libertà di religione.

Cessano dunque d'autorità tutte le persecuzioni contro i protestanti.

La Boemia ottiene uno statuto speciale: la Lettera di Maestà accorda agli ussiti la libertà di culto, la libera disponibilità dell'Università di Praga, una dieta composta di soli protestanti, l'elezione dei cosiddetti *difensores* della fede con il compito di vigilare sull'osservanza di tali concessioni.

Il precedente storico della pace di Augusta del 1555 promossa da Carlo V imperatore del Sacro Romano Impero, in cui si decise di rinunciare all'unità politica e religiosa dell'Impero, aveva lasciato insoluti molti punti di contrasto tra cattolici e protestanti, nell'ambito dei principati territoriali del Sacro Romano Impero (non comprende per esempio nelle sue clausole i calvinisti, che stanno sempre più avendo successo in terra tedesca). Inoltre la libertà religiosa era comunque limitata da due principi restrittivi: *"cuius regio eius religio"* (la religione di un Paese deve essere quella di chi lo governa), secondo cui i sudditi di uno Stato avrebbero dovuto conformarsi alla religione del loro principe o, in caso contrario, emigrare e l'altro *"reservatum ecclesiasticum"* secondo cui i beni ecclesiastici, secolarizzati prima

▲ *Antica incisione di Praga, la capitale imperiale scelta da Rodolfo d'Asburgo.*

del 1552, non sarebbero più stati rivendicati dalla chiesa cattolica. Se invece qualche prelato cattolico si fosse convertito al luteranesimo, dopo tale anno, avrebbe dovuto rinunciare a tutti i benefici e possessi goduti in virtù della propria carica e restituirli alla chiesa cattolica.

Intanto Rodolfo trasforma la sua Praga in una vera capitale, non solo spostandola di fatto dall'asburgica Vienna, ma rivestendola anche di bellissimi palazzi e monumenti.

Numerosi i grandi artisti che accorsero alla corte rudolfina e che contribuirono alla leggenda del gioiello boemo. I suoi successori, il fratello Mattia, che nel 1611 riconfermerà le concessioni fatte, ma assai di più il cugino e futuro imperatore Ferdinando II fecero assai rimpiangere alla Boemia, e probabilmente all'Europa tutta, la stramba mente del kaiser Rodolfo degli ultimi anni. Sovrano che probabilmente non avrebbe mai provocato la rivolta boema e con sé la sanguinosa guerra dei trent'anni che andiamo a raccontare.

L'elezione prima a Re di Boemia e poi a Imperatore del Sacro Romano Impero dell'arciduca Ferdinando d'Asburgo, esempio del cattolicesimo più intransigente, allarma gran parte della nobiltà protestante boema: pur dichiarando di rispettare la *"Lettera di maestà"*, egli respinge alcuni ricorsi dei *difensores* e mostra di voler considerare i beni ecclesiastici come beni regi, cioè demaniali. Questo non solo è un attacco contro la libertà religiosa, ma anche contro l'autonomia della nobiltà. Ferdinando II, allievo dei gesuiti, fervente cattolico, campione della Controriforma, diviene re di Boemia nel 1617, re d'Ungheria nel 1618 ed Imperatore nel 1619, occupando in breve tempo posizioni sempre più dominanti e definite.

La sua politica intransigente e oscurantista fu di certo una delle cause principali dello scoppio della Guerra dei Trent'anni.

Dovessimo giudicare l'uomo in base ai risultati ottenuti a seguito delle sue iniziative, l'imperatore Ferdinando II, deve necessariamente venir

▲ *L'imperatore (rappresentazione popolare)*

considerato come uno dei grandi uomini del secolo. Sebbene dotato di un'intelligenza angusta, bigotta, esasperata e pesantemente condizionata dai gesuiti, covava una sincera passione: odiava i protestanti e la riforma e voleva cancellarli dalla storia. Con una risoluta ed ostinata politica riuscì per molti anni nel suo scopo.

Ma il terribile prezzo della sua vittoria furono le violente ripercussioni al suo popolo, e a quello boemo in primis.

Caso davvero singolarmente raro di un uomo bigottamente onesto, devoto e coerente che direttamente o meno ha provocato al suo mondo tante miserie, imponendo allo spirito di un popolo un così lungo periodo di costrizione teologica.

In questa ottica, certamente la prima parte del conflitto si può ben definire di religione.

La lunga e rovinosa lotta non fu però combattuta per scopi insignificanti; si trattava di decidere se la Germania dovesse essere assoggettata o meno alla Controriforma, se si poteva per contro lasciare alla chiesa luterana e alla calvinista il dominio su molta parte dell'Europa centrale.

Ma la religione, pur essendo il motivo fondamentale e appassionante non era allora, come forse non fu mai, l'unico argomento che operasse sullo spirito degli statisti.

Definizione di guerra di Religione che come vedremo non basterà nel proseguo della lotta a costituire l'ossatura delle motivazioni, che diverranno nel corso degli anni sempre più secolari, di politica continentale e di scontro fra le più importanti nazioni europee.

La guerra dei trent'anni rivelò in modo chiaro ed univoco l'impossibilità della Germania ad identificarsi a pieno con il Sacro Romano Impero.

Dimostrò che persino i principi cattolici tedeschi, erano anzitutto preoccupati del proprio regno o margraviato e, piuttosto che cercare di ridare all'impero cattolico una posizione di vera autorità nella Germania, preferivano rimanere neutrali o addirittura allearsi con gli stessi protestanti: cosicché la guerra, partendo dalle divisioni religiose della Germania, finì per confermare pure l'anarchia politica.

Ma esisteva un altro problema politico che entrava largamente nei motivi dell'epoca ed ebbe gran peso nella definitiva sistemazione ottenuta con la finale pace di Westfalia.

A chi spettava il dominio del Baltico? La grande epoca della Lega anseatica era ormai tramontata. Da tempo Inglesi, olandesi e scandinavi avevano superato di molto le gloriose città tedesche di Lubecca e Rostock, Stralsund e Danzica.

Pretendenti alla supremazia nel Baltico non erano più le repubbliche tedesche della Lega, ma i regni rivali di Danimarca, Svezia e Polonia.

▲ *La corte di Rodolfo a Praga doveva essere qualcosa di molto curioso da vedere. Mercanti e maghi, grandi astronomi e vili cartomanti. Grandissimi artisti e saltimbanchi. Tutti dentro un'atmosfera magica, alchemica con al centro lui. L'ombroso, l'invisibile Imperatore sempre occupato nelle sue camere delle Maraviglie...In quel contesto artistico che verrà denominato Rinascimento Praghese. Lucas van Valkenborch, paesaggio 1587 Kunsthistorisches Museum, Vienna*

RODOLFO II D'ASBURGO IMPERATORE 1552-1612

L'alchemico, il fantastico imperatore..

"Vi sono nuove scoperte nelle scienze occulte? Hai saputo qualcosa della pietra magnetica, dell'asemone, delle ciglia del sole e della luna? Mi hanno narrato che nel tempio di San Vito misteriosi fuochi si accendono e muovono nel buio della notte. In che enigmatico tempo viviamo! Che meravigliose vicende si appressano! Ah, vorrei conoscere l'imperscrutabile Ignoto che ci avviluppa e ci manda segnali". Così ci possiamo immaginare Re Rodolfo disquisire con i suoi notissimi astronomi nelle sue camere delle Meraviglie. Proprio dietro all'indecisa politica del sovrano, con un'evidente propensione per le scienze occulte, nacque e prese spazio la crisi che avrebbe portato alla guerra dei trent'anni.

Rodolfo nasce a Vienna il 18 Luglio 1552. Figlio del tollerante e saggio imperatore Massimiliano II d'Asburgo che aveva sposato la cugina Maria, figlia di Carlo V. Pertanto Rodolfo è doppiamente pronipote di Giovanna la Pazza. Come l'illustre antenata anche Rodolfo darà segni di squilibrio verso gli ultimi anni, e di stranezze e curiosità per tutta la vita. Appassionato da sempre di occultismo, alchimia ed astrologia. Del suo segno del cancro si diceva che era saturnino, labirintico, mutevole, ombroso ed influenzabile. In questa passione verrà accomunato all'altro grande neofita e appassionato della materia: Albrecht Wallenstein.

Passa i primi undici anni della sua vita, i più tranquilli, a corte con i genitori. Poi viene mandato ad educarsi a Madrid dallo zio Filippo II e sarà la sua rovina. Fino ai diciott'anni Rodolfo vivrà in questa sotterranea buia, bigotta corte fatta di intrighi e di sospetti. Rischiarata solo da macabri *autodafé*. Rodolfo è segnato, torna a Praga con la facciata di perfetto nobile spagnolo, ma dentro è diventato un misantropo.

▲ *Un Giovane arciduca Rodolfo in Spagna nel 1567 dipinto di Alonso Sanchez Coello*

Per fortuna conserva, dal padre, la tendenza alla tolleranza religiosa.

A 24 anni, nel 1576 diventa Imperatore, dopo essere già diventato re d'Ungheria 4 anni prima, e re di Boemia da un anno. Riportò la sua corte a Praga nel 1583 restituendo alla capitale boema lo status di capitale dell'impero.

Quest'epoca viene ancora ricordata come l'epoca d'oro di Praga. Rodolfo era ossessionato dall'arte e dalla scienza che prediligeva di molto ai suoi obblighi reali. Fece di Praga il centro della scienza e dell'alchimia. Fu durante il suo regno che la capitale boema prese ad essere soprannominata "Praga Magica".

La corte di Rodolfo II attrasse scienziati ed artisti da tutta Europa, tra di loro vi furono anche l'astronomo Tycho de Brahe e Johannes Keplero. Anche la leggenda del Golem (mitico umanoide costruito dal rabbino capo di Praga) ebbe origine in quel tempo.

Rodolfo non si sposerà mai. Promesso sposo all'infanta di Spagna, non si deciderà mai ad iniziare le pratiche, finché ad un certo punto, dopo molti anni, la corte spagnola cambia progetti e fa sposare Isabella ad un altro pretendente. Lo strambo Rodolfo allora si risentì molto, ne fu talmente offeso che non perdonò mai questo "sgarbo" alla corte spagnola.

Ebbe comunque un amore, nella figlia del suo ministro-antiquario Strada, Katerina che gli darà ben 6 figli illegittimi ma che lui finirà col sistemare per il meglio.

Golo Mann così lo descrisse: *"Rodolfo, erede coronato di sovrani ereditari, mandò in rovina l'eredità. Non che mancasse di qualità squisite: dotato di una intelligenza acuta, quando non veniva offuscata dall'impulso del momento, era*

consapevole, anche se troppo esasperatamente, della grandiosità del suo compito; era tenace e possedeva una finissima sensibilità per l'arte.

Grazie alla sua presenza Praga divenne una metropoli, uno stimolante campo d'azione per persone di lingue diverse, dai talenti e dalle tendenze più disparate. La sua ascendenza mezzo spagnola se da un verso lo portava a risolversi, quando era costretto a una decisione politica, per la parte spagnola, non gli impediva di tollerare l'intimità con una schiera di stranieri di confessione protestante: pittori dei Paesi Bassi e d'Italia, medici-filosofi e umanisti della Slesia e dell'alta Ungheria.

Teneva a corte ogni sorta di originali e ciarlatani: giacché il confine tra la scienza e la magia era ancora indistinto. Lo stesso Rodolfo si dilettava di astronomia, di fisica, di medicina, si esercitava in lavori di intaglio e di orologeria; eclettico nei gusti, amava quel che già veniva considerato antico e classico - ad esempio i dipinti di Albrecht Dürer per i quali paga-

▲ *Ritratto ottocentesco dell'imperatore Rodolfo*

va qualsiasi prezzo, e insieme il nuovo e l'audace, ai confini del sogno e della follia."

Verso il finire dei suoi anni a causa della sua crescente follia, gli Asburgo di Vienna riconobbero il fratello Mattia quale capo politico della famiglia, costringendo Rodolfo II a cedergli la corona d'Austria, Ungheria e Moravia (trattato di Linz 1608). Rodolfo però concesse ai boemi, in prevalenza calvinisti, la libertà di culto con la *Littera maiestatis* (1609).

Nel 1611 Rodolfo fu infine costretto a rinunciare anche alla corona di Boemia.

Morì nella sua Praga nel 1612.

▲ *Le quattro stagioni di Giuseppe Arcimboldo (1530-1593) uno dei grandi autori amati da Rodolfo.*

Theatrum Europaeum

Il Giornale del tempo…

In questo numero: I grandi e famosi astronomi imperiali Keplero e Tycko Brahe. Praga maggio 1606. Il Tesoro depredato: Il saccheggio della famosa ed enorme collezione rudolfina nel castello di Praga.

IL PARERE ASTROLOGICO DI GIOVANNI KEPLERO

Maggio 1606, nel pieno della crisi politica tra Venezia e la santa Sede, l'imperatore si affrettò a chiedere un motivato parere astrologico a Giovanni Keplero, Matematico Imperiale sin dal 1601.

Già a fine settembre 1604 il grande scienziato aveva studiato una triplice congiunzione Marte-Giove-Saturno verificatasi nei gradi centrali del Sagittario, sul cui significato aveva concluso elaborando un'accurata relazione. Keplero, così rispose all'imperatore:

"Al potentissimo ed invincibile Imperatore Romano Rodolfo II di Giovanni Keplero Potentissimo Imperatore! Spesso ho dichiarato di non essere dell'opinione che il cielo si immischi nel particolare in modo determinante. Tuttavia, poiché ne sono stato richiesto, dico da subito qual è l'opinione degli astrologhi. Una nuova stella brilla nel Sagittario. Venezia viene portata sotto il Cancro.

Quindi non v'è alcun rapporto tra questo movimento e la nuova stella, se non come altro elemento nella generica situazione dell'intero globo terrestre. Ma al contrario troviamo l'eclisse solare nel 18° della Bilancia nel primo quadrangolo; anche Venezia è sotto il primo quadrangolo, e cioè sotto il Cancro, e questo fatto sembra sorto dal momento in cui ha avuto inizio l'eclisse, cioè dall'ottobre scorso. Senz'altro è sorta sotto il nuovo Papa, che si è insediato da meno di un anno. Quindi secondo l'opinione degli astrologhi, l'eclisse solare è collegata con quest'ultimo fatto. A questo io aggiungo un argomento astronomico, uno assai plausibile, secondo la mia opinione.

Questa eclisse era totale nel Mar Tirreno, sotto Roma, e attraverso il Napoletano e la Calabria e la Sicilia, nonché attraverso i confini della Francia, della Spagna e dei Pirenei. Essa significa quindi un male in cui verrebbero coinvolti i Francesi, il Patrimonium Petri e i principi Italici; più di tutti il Re di Spagna, e Venezia, a causa della via marittima dall'Occidente all'Oriente, saranno soggetti all'eclisse, quello per gli Spagnoli e questo per i Veneziani.

Quindi secondo l'opinione degli astrologhi ci sono molti motivi perché i Veneziani siano contro il Papa. Primo: l'eclisse non cade nel Mezzo del Cielo della città di Venezia, neppure nell'Oroscopo e non nel luogo del Sole: bensì esattamente nel Fondo del Cielo, e questo in opposizione al Sole; poiché Venezia è stata fondata quando il Sole nel 6° dell'Ariete si trovava nel Mezzo del Cielo: ma il Papa è nato quando il Sole si trovava nel 4° della Bilancia, vicino al luogo dell'eclisse; esattamente all'opposizione del luogo del Sole per la città di Venezia; il che farà gioire gli astrologhi. Inoltre (Secondo): per Venezia il Sole è in esaltazione, per il Papa in caduta.

Terzo: le costellazioni in aprile e maggio del 1606, quando scoppiò la lite, erano simili alle costellazioni per Venezia.

Quarto: Saturno si trovava nel quarto quadro con il Sole di ambedue. Ma ciò non è avverso a Venezia; poiché nel momento della sua fondazione il Sole si trovava nel luogo opposto a questo pianeta.

Quinto: Giove era allora fra il 28° e 29° dell'Acquario, nel luogo occupato da Saturno nella natività del Papa: e nella casa di Saturno; ed egli stesso in cammino.

Sesto: questo Papa sembra nato per suscitare grandi disordini: poiché c'era una grande opposizione fra

▲ *Gli astronomi Giovanni Keplero e il danese Tycko Brahe erano di gran lunga i consiglieri più ascoltati di Rodolfo*

Saturno e Giove in Leone e Acquario, senza intervento del Sole, il che fa sì che questi disordini tendano più verso il peggio. Anche perché Saturno è, più di Giove, più forte in Acquario. Inoltre il Mezzo del Cielo si trovava a 10° Sagittario, nel luogo della grande congiunzione, che ebbe luogo nel dicembre del 1603.

Settimo: il Papa ha il suo Marte in Cancro, il segno dei Veneziani, il che, ancora una volta, farà gioire gli astrologhi. E poiché il Cancro è il segno della caduta di Marte, allora gli astrologhi diranno che la guerra contro Venezia non avrà un buon esito.

Invece Venezia ha Marte in Bilancia, il che è sì uno svantaggio per Marte (perciò Cardano ha detto che i Veneziani non saranno guerrieri a cui arriderà la fortuna) però essi ce l'hanno nel luogo del Sole del Papa, dove il Sole è in caduta, e nel luogo dell'eclisse. Perciò diranno gli astrologhi che non ci sarà una guerra molto grande, però che i Veneziani arrecheranno più danno. E poiché l'eclisse cade, per il Papa, nel luogo

di Mercurio e nel quarto aspetto di Marte, è il segno più evidente che questa faccenda sia da condurre con supremazia ed astuzia.

Ottavo: Luca Gaurico ha predetto ai Veneziani un dominio fino all'anno 1880. Invece secondo il tema celeste del 18 aprile 1506, che egli attribuisce alla ricostruzione della Chiesa di San Pietro ad opera del Papa Giulio II, dice le seguenti parole: "Stelle malsane con il Nodo sud australe preannunciano sfavorevoli dispendia e si protrarranno fino alla nascita verginale dell'anno 1471, oppure al massimo fino all'anno 1608."

Nono: non è da ignorare il fatto che per Venezia non ci fu un segno premonitore, come invece per l'anno 1571, quando si prefigurava la perdita di Cipro e il suo arsenale bruciò. Ma a Roma era avvenuta, non molto prima dell'inizio del 1606, oppure verso la fine del 1605, una grande inondazione. Ma quel grande vento, che c'era a Pasqua del 1606, era comune in tutta l'Europa, segno di un umido anno a venire.

Decimo: se qualcuno volesse giocare, lo può fare con la prossima eclisse solare del 1605. Il Sole significa il Papa, la Luna Venezia, perché quella è signora del mare, e i Turchi - padroni dei Veneziani - che gli astrologhi rappresentano con la Luna; ed essa è potente in Cancro, il segno dei Veneziani.

La Luna quindi oscura il Sole nel nodo ascendente, perché lei stessa era culminante quando il Sole cadeva.

Undicesimo: la direzione del Sole nel tema del Papa è nel quarto aspetto con Saturno, proprio in questo momento, quando si dirige secondo il cammino giornaliero del Sole, come io faccio sempre.

Ma ciò viene ritenuto una calamità. Questa, credo, sarà l'opinione degli astrologhi i quali difendono la signoria dei pianeti. Per la certezza degli eventi essi dovranno vedere.

Io non potevo sottrarmi a ciò che mi fu chiesto. Dio protegga la giusta causa ed unisca le forze dei cristiani contro il comune nemico; e tenga lontani ulteriori cospirazioni con il nemico, per mezzo delle quali gli verrebbero aperte le porte al mondo cristiano.

Maggio 1606

All'Altissima Maestà Imperiale il devotissimo
Mathematicus Johann Keppler

▲ Il "castello" osservatorio di Tycko Brahe a Uraniborg in Danimarca.

IL SACCHEGGIO DELLA COLLEZIONE RUDOLFINA

Rodolfo II fu molto probabilmente il più grande collezionista di tutti i tempi. Perlomeno nel mondo occidentale. Può darsi che qualche faraone od imperatore cinese o moghul avessero raccolto altrettanto, ma personalmente non ne ho notizia. La sua sterminata quadreria era composta da opere di grandissimo valore, spesso eseguite direttamente per l'imperatore, come i lavori del milanese Giuseppe Arcimboldo, che, ritrattista di corte per Ferdinando I nonno di Rodolfo II, crea per quest'ultimo e per il suo predecessore Massimiliano II le famosissime "teste allegoriche" basate sul processo logico del "sistema delle corrispondenze", le più famose delle quali sono le Quattro Stagioni e i Quattro Elementi. La collezione imperiale, costruita appassionatamente negli anni con accurate missioni diplomatiche rispecchiava dunque il gusto personale di Rodolfo che fa cercare in Italia opere di Leonardo, Raffaello e Michelangelo.

Ama immensamente Dosso, Correggio e Parmigianino e ammira inoltre la pittura tedesca di inizio Cinquecento, in particolare Dürer e Breughel. E poi ancora i nomi della cosiddetta scuola Rudolfina: Bartholomeus Spranger, presentato

▲ *Das Rosenkranzfest (la festa della corona del rosario) dipinta da A. Dürer nel 1506. Galleria Nazionale di Praga*

all'imperatore dal Giambologna, Joseph Heintz e Hans van Aachen. La collezione messa insieme da Rodolfo era davvero sconfinata, la sua stessa vastità incuteva timore. Rodolfo spese per essa somme astronomiche. Il suo principale fornitore, l'antiquario italiano Jacopo Strada spese per lui più di quanto costasse la guerra con il Turco.

Il suo comprare, raccogliere e acquisire era una seconda natura di Rodolfo, e gli antiquari Strada: Jacopo e poi suo figlio Octavio furono operosissimi, sempre. La principale presenza dei suoi interessi è comunque rivolta a tutto ciò che oggi definiremmo arcano. Allo scopo si era dotato di una stanza delle meraviglie, dove trascorreva gran parte del suo tempo, la celeberrima *Kunstkammer*. Fra le cose più curiose una coppia di mandragore: Marion e Thrudacias nate sotto ad un patibolo, che il folle Rodolfo volle venissero battezzate, dotate di un loro mini appartamentino con lettini d'oro tempestati di diamanti, vestite con abitini in pregiatissima seta rossa.

Queste venivano bagnate ogni mese nel vino alla luce della luna nuova. Rodolfo era tanto affezionato a loro che fece mettere la loro immagine nel suo stemma. Ancora, nel suo *santa santorum* conserva due bulloni dell'arca di Noè, un dente di Narvalo spacciato per il famoso corno talismano d'amore dell'epico unicorno. Uno spazio a parte avevano i suoi famosi orologi, dotati di sofisticati congegni meccanici e abbelliti di splendide figure mitologiche nei metalli e nelle pietre più preziose. Ovviamente armillari, astrolabi, cannocchiali e mappamondi impreziositi da gemme rare e unghie di leopardo. Pur nella sua chiara pazzia, nella sua complicatissima mente, Rodolfo mostra una rara intelligenza e raffinatezza nelle scelte di persone e cose. Spesso guardato con sufficienza o compatimento per via delle sue stranezze, a volte incantava tutti per la rapidità da essere superiore con la quale giungeva diritto all'essenza delle cose. Fra la servitù, ospiti occasionali o semplici avventori c'era anche chi rubava, da una collezione così sterminata che nessuno poteva catalogare, né conoscere per intero.

▲ *Venere e Vulcano di Bartolomeo Spranger del 1610 Kunsthistorisches Museum di Vienna*

Nonostante il rischio di essere inviati alla Torre Bianca, e dell'impiccagione, ci furono ruberie e furti, da parte di cortigiani infidi, di profittatori che restavano magari a corte lo spazio di un mattino, vista anche l'enorme difficoltà ad ottenere udienza dal misantropo imperatore.

Individui, maghi, prestigiatori o semplici imbroglioni giunti a corte sulle ali di una fama di magia rubata o millantata, e che poi sparivano rimpinguati di qualche indianeria, d'un fossile o d'una pietra che potevano bastare loro una vita.

Vita che avevano grandemente rischiato.

Ma alla morte di Rodolfo, per la sua mitica collezione fu l'inizio di una immane tragedia.

Rodolfo muore nel gennaio del 1612 e nel 1618, con la defenestrazione di Praga, comincia per i boemi l'avventura disgraziata che porterà alla totale sconfitta della Montagna Bianca.

L'imperatore Ferdinando II sconfisse la rivolta boema con l'aiuto del duca Massimiliano di Baviera che, in compenso dell'aiuto prestato si portò via dal castello, scrive Dacicky, non meno di millecinquecento carri con ori, preziosi e oggetti rari d'ogni sorta, carri pieni di ogni ben di Dio. Questa sola cifra basta a dar l'idea di quel che Rodolfo aveva raccolto. Non ci sono parole per esprimere altrimenti l'ordine di grandezza della sua regale, ineguagliata mania.

Circa dieci anni dopo, toccò ai sassoni, che nel 1631 presero Praga, dopo una forte resistenza.

Essi si portarono via altri cinquanta carri pieni di oggetti della collezione di Rodolfo. Non passarono trent'anni, e gli Svedesi s'impadronirono a loro volta della città e del castello. Era il 26 luglio del 1648 quando Kònigsmark ne prese possesso, per conto della regina Cristina di Svezia, che anelava al tesoro di Rodolfo, da tutti considerato la collezione più mirabile che il mondo avesse mai conosciuto. Questa volta fu il saccheggio sistematico. Tutto fu messo su un numero imprecisato di carri e inviato al porto di Wilmar, e da lì per nave, fatto arrivare a Stoccolma. Oggi è lassù che dovete andare, nella fredda capitale svedese, per vedere molti mirabili gioielli di Rodolfo.

Kònigsmark, per suo piacere personale, si era preso cinque carri pieni di cose d'oro e d'argento. Poco rimase, nelle sale del castello, ma tra quel poco, relativo, c'era ancora il *Das Rosenkranzfest* (la festa del rosario) capolavoro del Dürer, così voluto e amato da Rodolfo, che lo acquistò a Venezia e se lo fece trasportare a piedi da quattro servi fino a Praga per evitargli scossoni che lo avrebbero deturpato. La storia dei pezzi della smembrata collezione Rudolfina (in parte è arrivata in Vaticano) vorrebbe un libro che non crediamo sia stato scritto.

Gli anni a venire sono un continuo disastro. Nella prima metà del Settecento, Carlo VI, cattolico fanatico, usa la galleria del castello come deposito di quella sua di Vienna, e porta via ancora altro, quadri, soprattutto. Lo stesso farà l'illuminata Maria Teresa, che nel 1749 vende dipinti della

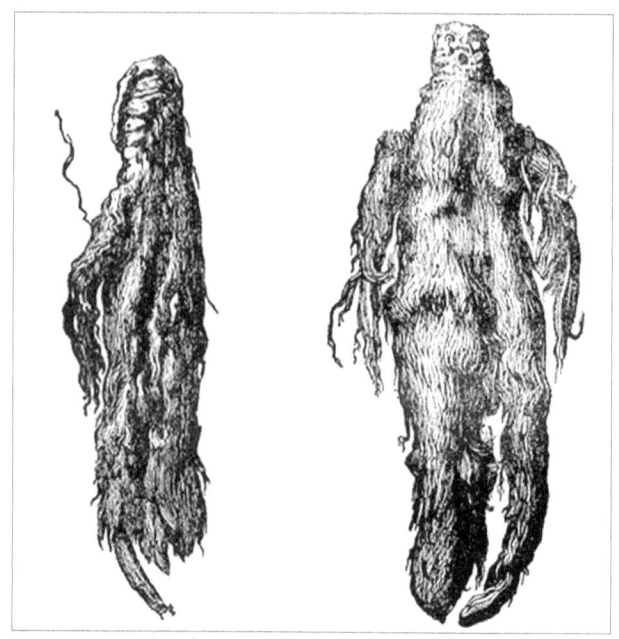

▲ *Marion e Thrudacias, le due bizzarre mandragore rudolfine.*

collezione Rudolfina al Museo di Dresda, per bisogno di far cassa. Nel 1757, durante la guerra dei sette anni, Federico II di Prussia fa cannoneggiare il castello. Quel che rimaneva viene portato nei sotterranei: statue, vetri e porcellane vanno tutte in pezzi. Di male in peggio. Nel 1780 Giuseppe II trasforma il castello in una caserma di artiglieria, un insulto allo spirito d'indipendenza dei Boemi e alla città di Praga.

Viene indetta un'asta orribile, grottesca, che valuta quel che ancora è rimasto secondo il suo "valore d'uso", secondo il peso.

E allora un marmo che Rodolfo aveva acquistato per diecimila ducati, l'*Ilioneus*, se ne va per pochi fiorini. Moltissimi quadri vengono alienati via per pochi "kreutzer", il centesimo d'un fiorino.

Alla fine se ne va anche il *Das Rosenkranzfest*, che aveva resistito sino a ora, per pochi talleri.

La sera del 14 di maggio del 1782 terminava la scandalosa, l'orrida, squallidissima asta che metteva fine alla mitica collezione rudolfina.

La regola era che chi comprava doveva portarsi via quel che comprava, e subito, per sgombrare gli spazi al deposito di munizioni che ne prendeva il posto. Quello sì, molto utile!

Il giorno prima dell'asta, gli inservienti avevano riempito dozzine di ceste e gerle di fossili, calchi di gesso, statuette, monete, medaglie ammaccate e quant'altro, tutto il materiale che gli esperti d'asta giudicavano inutile o invendibile e perciò senza valore, e l'avevano gettato nel Fossato dei Cervi. Qui i ragazzini andarono a frugare, e trovare tesori, per intere generazioni.

Poi, lentamente, i vari pezzi, specie quadri e statue, riaffiorarono in ordine sparso, come dopo un naufragio nelle varie pinacoteche e musei d'Europa, Vienna in primis, Stoccolma, Dresda per quel che aveva venduto Maria Teresa, e il Vaticano per quello che gli era arrivato per altre complicate vie. Ma c'erano ancora quadri, ancora statue, ancora oggetti in luoghi nascosti, abbaini senza luce, sotterranei poco esplorati, e l'ispettore arrivato da Vienna nel 1876, a portare ordine, trovò anche quelli, reperti che ovviamente fece tranquillamente spedire alla città sul Danubio, da sempre rivale di Praga.

▲ *Coppiera di Anton Schweinberger 1602.*

▲ *Antica veduta di Praga con il ponte Carlo e il castello, sede dell'imperatore Rodolfo.*

37

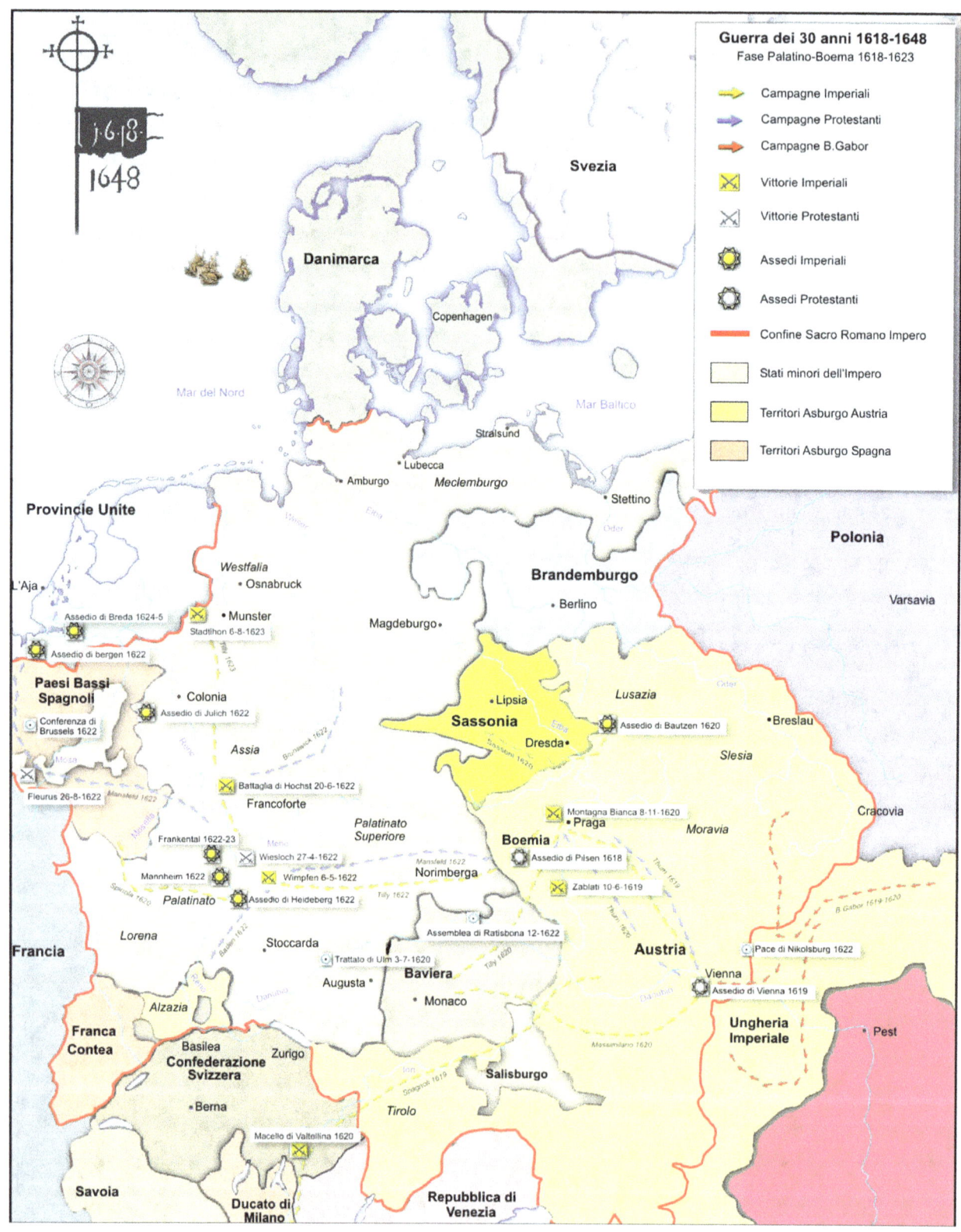

▲ *Campagne e battaglie della fase Palatino-Boema della guerra dei 30 anni (1618-1623)*

CAPITOLO 2

LA FASE PALATINO-BOEMA (1618-1625)

La guerra in Boemia

L'INSURREZIONE PROTESTANTE IN BOEMIA

Esistono, nella storia dei popoli, momenti in cui cause diverse cospirano a eccitare pericolosamente la pubblica opinione.
Il centenario della Riforma Protestante (1617) segnò appunto un momento simile. Da tempo le discordie religiose nell'Europa centrale minacciavano un'esplosione generale.

Vi erano stati incidenti gravi, persino piccoli scoppi di guerra aperta, fortunatamente circoscritti, come a Colonia nel 1580, e un'agitazione così diffusa da giustificare l'istituzione (1608) dell'Unione evangelica (alleanza difensiva fra città e principi protestanti tedeschi), seguita da quella dell'analoga contrapposta Lega cattolica (1609), appoggiata dalla Spagna, rendendo pres-

▲ *La Boemia nel 1618, da una incisione di M.Merian per il Theatrum Europaeum (collezione dell'autore)*

soché inevitabile uno sbocco violento della crisi. Nel 1608 vi fu un pericoloso tumulto fra cattolici e protestanti nella città di Donauwörth, che per alcuni mesi fece temere il peggio, ma che fortunosamente si risolse senza spargimento di sangue. Ancora nel 1609 vi fu quella insurrezione boema che costrinse l'imperatore alle concessioni indicate nella lettera di Maestà.

La crisi più grave si registrò invece nel 1610 a causa della successione al duca di Clèves-Jülich, il cattolico Giovanni Guglielmo da poco scomparso senza lasciare eredi. Entrambi i pretendenti alla successione erano di fede luterana: l'Elettore Giovanni Sigismondo del Brandeburgo e Wolfgang Guglielmo, duca di Neuburg-Palatino.

Tuttavia gli stati dello Clèves-Jülich avevano ricevuto garanzie di appoggio dai cattolici Elettore di Colonia e da Filippo II di Spagna.

Il candidato favorito da Cristiano di Anhalt e dagli olandesi era l'elettore del Brandeburgo.

La fazione protestante concentrò tutta la sua attenzione sulla creazione di un'alleanza nei fatti esclusivamente tedesca, visto che non aveva trovato alleanze all'estero.

I due principi pretendenti al ducato di Clèves-Jülich erano ora sostenuti dall'Unione protestante ed insieme e di comune accordo operarono una prima occupazione dei ducati.

Questo provocò l'invio da parte dell'imperatore di un esercito al comando dell'arciduca Leopoldo che occupò la fortezza di Cleves.

A sua volta quest'ultimo fatto innescò l'inserimento nella disputa di Enrico IV di Francia in funzione anti spagnola. Il distretto in questione rivestiva infatti una notevole importanza strategica per gli spagnoli, prezioso per le future operazioni contro l'Olanda.

Il re di Francia non poteva permettersi questo e si diede ad organizzare un'invasione militare del paese. Soltanto l'assassinio di Enrico IV di

▲ *L'esecuzione avvenuta per squartamento di F.Ravaillac l'assassino di Enrico IV.*

SERENISS. POTENT. PRIN. FRIDERICVS D.
G. BOHEM. REX. COMES PALATINVS. RHI . S.R. I.
PRIN. ELECTOR. DVX BOIAR. MARCH. MORAV. DVX. SILES.
MARCH. LVSAT. ETC.

▲ *Ritratto equestre di Federico V re di Boemia. Con sullo sfondo la città di Praga 1619.*

Francia il 14 maggio 1610 da parte del fanatico cattolico Ravaillac, impedì una guerra generale per la successione ai ducati di Clèves-Jülich.

Ed ecco, proprio nell'anno del centenario, quando più ardeva la battaglia religiosa, nell'atmosfera fatta rovente dalle recriminazioni teologiche, la notizia che Ferdinando di Stiria, era salito al trono d'Ungheria e di Boemia ed era designato a succedere quale imperatore all'anziano e malato cugino Mattia. I protestanti di Boemia, benché abbastanza numerosi e potenti da ottenere dall'imperatore Rodolfo uno statuto di tolleranza (*Litterae majestaticae* del luglio 1609), non avendo parte alcuna nel governo, avevano dovuto sopportare l'amministrazione contraria, portata avanti dal gruppo di reggenti o ministri reali, incaricati dall'imperatore Mattia del governo del paese. Le *litterae majestaticae* concedevano ai nobili e alle città reali della Boemia, della Slesia e della Lusazia il diritto di costruire templi e di praticare la forma boema del luteranesimo. Ma c'erano stati i pericolosi avvenimenti di Braunau e Klostergrab, dove tale diritto era stato reso vano dall'intolleranza dei cattolici, appoggiati dall'autorità imperiale.

La chiesa protestante di Klostergrab era stata abbattuta; a Braunau, i protestanti che si agitavano contro la persecuzione cattolica vennero incarcerati. Se tutto ciò avveniva sotto il governo di Mattia, che potevano mai sperare i protestanti da Ferdinando? Già la notizia che il persecutore dei protestanti della Stiria era re e sarebbe stato presto imperatore aveva riempito di gioia tutti i gesuiti del paese. Ecco perché, i protestanti boemi decisero d'insorgere sotto la guida in primis di un nobile calvinista, Enrico Mattia di Thurn (della Torre).

MATTIA D'ASBURGO IMPERATORE 1557-1619

L'imperatore della defenestrazione di Praga

Fratello minore di Rodolfo fu re d'Ungheria (1608-1619), di Boemia (1611-1619) e imperatore del Sacro Romano Impero (1612-1619). Terzo figlio di Massimiliano II d'Asburgo e di Maria di Spagna partecipò alla guerra contro i turchi negli anni 1593-1606. Cercò senza successo di mettersi alla testa della rivolta dei Paesi Bassi contro la Spagna. Fu nominato governatore dell'Austria dal fratello imperatore, che lo riconobbe come suo successore, ma con il quale ebbe anche cruenti scontri per il tentativo di strappare in anticipo l'appannaggio imperiale a motivo della indicata pazzia del fratello.

Alla morte di Rodolfo avvenuta nel 1612, Mattia d'Asburgo con le già ottenute corone di Ungheria e di Boemia, salì al trono imperiale.

Rimasto senza eredi dal suo matrimonio con l'arciduchessa Anna d'Asburgo. Affidò buona parte delle pratiche imperiali al suo consigliere il cardinale Khlesl, ma questi venne presto a trovarsi in aperto contrasto con le non celate ambizioni di Ferdinando, il quale lo fece arrestare, e conseguentemente Mattia venne ridimensionato nel suo ruolo e dovette nominare suo successore il cugino Ferdinando II, cedendogli a tal fine il trono di Boemia e d'Ungheria.

Si deve quindi molto alla sua incapacità a gestire i conflitti religiosi in Boemia, e alla gestione della sua stessa corte, l'origine della rivolta avvenuta con la celebre defenestrazione di Praga (1618), episodio che avrebbe fatto scoppiare la guerra dei Trent'anni.

▶ *L'imperatore Mattia d'Asburgo in un ritratto di Lucas van Valckenborch*

▲ *Tav. 02 - Ufficiale di artiglieria imperiale 1620-30. La divisa indossata dai militari era quasi sempre di derivazione civile. A destra generale imperiale (una delle possibili tenute indossate dal Tilly). Sopra cannone e vari buttafuoco. Tavola dell'autore*

LA DEFENESTRAZIONE DI PRAGA 1618

Lo storico episodio con il quale si vuole far partire l'inizio del conflitto ebbe luogo il 23 maggio 1618 nel castello di Praga capitale del regno di Boemia.

Quel giorno, i conti Martinic e Slavata, luogotenenti governatori e consiglieri del re cattolico di Boemia, e futuro imperatore tedesco Ferdinando II d'Asburgo (1619), furono interpellati al Palazzo Reale, il cupo edificio che sovrasta la città, da un centinaio di nobili protestanti, che contestavano, in nome della *lettera di maestà* del 1609, l'amministrazione del paese da parte dei cattolici.

Di fronte alla resistenza e agli argomenti dei consiglieri, i gentiluomini boemi li aggredirono, e insieme al loro segretario Fabricius, li gettarono, con atto di collera premeditata, dalla finestra nel vuoto (dove miracolosamente ne uscirono pressoché illesi nonostante la considerevole altezza grazie ad un sottostante cumulo di immondizie). L'incidente fornì l'occasione ai protestanti di ribellarsi apertamente contro l'autorità imperiale cattolica e fu sfruttato da entrambe le parti: dai protestanti, che vi vedevano il simbolo della loro liberazione, e dai cattolici, che lo consideravano un segno della barbarie dei loro antagonisti.

▲ *La defenestrazione di Praga del 23 maggio 1618. Da una stampa di M.Merian da Theatrum Europaeum*

IL GOVERNO DEL DIRETTORIO BOEMO E L'OFFENSIVA DEI RIBELLI

Subito dopo la "defenestrazione "fu nominato a Praga un governo provvisorio, composto di 13 Direttori sotto la guida del conte Schlick. Al conte Thurn, autore della defenestrazione fu affidato il comando dell'esercito, forte di 16.000 uomini. Primo atto del nuovo governo fu l'espulsione dal paese dei Gesuiti, accusati *di voler sottomettere al loro giogo tutti i regni e tutte le terre del mondo e di aver provocato lotte fra gli Stati in regioni dove convivevano varie confessioni religiose*". La strategia asburgica nel 1618 puntava ancora a contenere i disordini fidando in una loro facile soppressione se necessaria.

Infatti L'imperatore Mattia, consigliato dal prudente cardinale Khlesl, fu contrario in principio ad una "spedizione punitiva ", confortato anche dai buoni uffici di paciere del capo della nobiltà morava, Zerotìn, il quale, pure membro della Chiesa dei Fratelli Boemi (protestanti) era fedele alla Casa d'Asburgo. Favorevole a una immediata guerra risolutrice, invece, era il cugino dell'imperatore, Ferdinando, duca di Stiria e riconosciuto successore al regno di Boemia, nonché simbolicamente incoronato l'anno prima.

Ferdinando, sapendo che le garanzie di libertà religiosa concesse malvolentieri all'atto della sua incoronazione non avrebbero avuto più alcun valore se la Boemia fosse stata conquistata militarmente, fece allontanare da Vienna il cardinale pacifista con l'approvazione dell'arciduca Massimiliano del Tirolo, fratello dell'imperatore.

Era la guerra. Mattia accettò il fatto compiuto e nominò Ferdinando comandante in capo delle forze imperiali, coadiuvato da due invii spagnoli, i validi generali Bucquoy e Dampierre che avevano lungamente militato nelle armate spagnole

ENRICO MATTIA CONTE DI THURN 1567-1640
Il defenestratore

Tedesco di Boemia, luterano estremista, fu a capo della ribellione che sfociò nella defenestrazione di Praga alla quale partecipò attivamente. Posto al comando delle armate boeme accanto al Anhalt, ebbe con questo numerosi screzi e discussioni che certo non agevolarono la causa protestante. Thurn derivava le sue prime esperienze militari al servizio di Rodolfo nelle guerre d'Ungheria. Comandante aggressivo e temerario, guadagnò qualche successo nelle campagne del 1618-1619 assediando per ben tre volte la capitale Vienna. Dopo la sconfitta alla Montagna Bianca, passò al servizio come generale negli eserciti danese e poi in quello svedese senza conseguire importanti risultati. A seguito di una pesante sconfitta subita a Steinau nel 1633 mentre era al comando di un'armata svedese si ritirò definitivamente dalla scena.

dei Paesi Bassi. Anche le truppe sarebbero presto arrivate, ma nel frattempo quelle disponibili, 12.000 uomini, erano relativamente poche e composte da nuove reclute, frontalieri magiari e pochissimi veterani. Il direttorio rivoluzionario decise pertanto di approfittare ed estendere la rivolta in Austria, ma sulle prime essa ebbe successo solo in Slesia e Lusazia ma non in Moravia. I Boemi, in queste prime fasi, trovarono un alleato in Carlo Emanuele duca di Savoia, cattolico ostile alla Casa d'Asburgo. Costui, ricevuta notizia della "rivoluzione" dal governo provvisorio di Praga, inviò un messaggio a Ernesto di Mansfeld, condottiero di un gruppo di mercenari tedeschi di cui s'era servito nella guerra appena conclu-

sa con la Spagna, affinché dalla Svizzera, dove si trovava, marciasse in aiuto alle forze protestanti ribelli. Tutto questo perché il duca di Savoia mirava neanche tanto segretamente alla corona di Boemia: un disegno che doveva essere rivelato soltanto a Mansfeld, a Cristiano di Anhalt, il più fiero avversario tedesco degli Asburgo, e all'Elettore Palatino, Federico.

I mercenari di Mansfeld arrivarono in Boemia nel settembre del 1618 e insieme alle truppe boeme comandate da Thurn assediarono subito Pilsen, una delle poche città rimaste fedeli all'imperatore. Nel campo avverso, Bucquoy giunse in settembre nel teatro delle operazioni, ponendosi di fronte a Thurn che occupava una posizione

CRISTIANO II DI ANHALT 1568-1630
La mente dell'unione protestante

Il genio diabolico della causa protestante primo ministro e consigliere degli elettori palatini, e di Federico re di Boemia in particolare.

Operò con efficacia e con sistematica organizzazione per aggravare le tensioni religiose nell'impero al fine di provocarne il conflitto.

Vero direttore dell'unione protestante aveva la mira di organizzare un forte agglomerato protestante in chiave anti asburgica comprendente: le province Unite, Inghilterra, Francia, Venezia, Savoia, Transilvania, Svezia, Danimarca e tutti i protestanti tedeschi. Fece del suo meglio per provocare il crollo della controparte cattolica e prese il comando dell'esercito boemo nella prima fase della guerra. Militarmente, era dotato di una discreta esperienza e buone doti di stratega, e formato ad una convenzionale e moderna concezione ispano-olandese che non gli valsero però ad evitare la grave sconfitta della Montagna Bianca, nella quale fra l'altro combatté anche suo figlio che portava lo stesso nome. Dopo la sconfitta incredibilmente fu il primo ad abbandonare il Re Federico e la causa. Umiliatosi

e scusatosi con l'imperatore, ne ottenne da questo il perdono e il condono dal bando imperiale. Non ebbe più alcun ruolo futuro nella guerra.

FERDINANDO II D'ASBURGO IMPERATORE 1578-1637

L'Imperatore gesuita

Ferdinando II fu il personaggio chiave dell'intero conflitto, senza la cui presenza oggi, forse, non si parlerebbe di guerra dei 30 anni.

Ovviamente i conflitti si fanno fra più nemici, e le ragioni di Ferdinando, viste con l'occhio dell'epoca, non apparivano tutte ingiustificate.

Certamente fu un grande e risoluto politico, assai poco studiato e noto, soprattutto in Italia.

Fra gli Asburgo, uno dei più determinanti per la storia dell'umanità. Dopo la morte di Mattia, la linea regnante degli Asburgo era quasi del tutto estinta, essendo mancato ai due imperatori precedenti ogni discendente diretto.

Dei figli di Massimiliano II rimaneva soltanto l'arciduca Alberto, governatore dei paesi bassi spagnoli. Ma era assai messo male in salute e difatti morirà di lì a poco nel 1621.

Rimaneva quindi fertile la sola linea di Stiria. Carlo era infatti l'ultimo fratello del vecchio imperatore Massimiliano II, e sul suo primogenito Ferdinando di Stiria si andavano puntando le ragioni ereditarie al seggio imperiale.

Figlio di Carlo e della principessa bavarese Maria Anna, nasce a Graz nel 1578. A dodici anni rimane orfano di padre e diventa arciduca di Stiria, Carniola e Carinzia.

La madre lo manda in Baviera dal fratello Duca Guglielmo (padre di Massimiliano di Baviera) il quale lo manda ad educare dai gesuiti di Ingolstadt. Ferdinando apprezzerà quest'ambiente bigotto e dedicherà molto del suo tempo ad attività di preghiera.

Dopo cinque anni di questa scuola, Ferdinando diventa un campione della religione cattolica.

Artefice anche un viaggio a Roma e a Loreto dove presterà un solenne giuramento alla Vergine Maria, promettendo di estirpare la religione protestante dall'impero.

▲ *Ferdinando II d'Asburgo Imperatore, dipinto attribuito a Pietro de Pomis*

Scientificamente inizierà con incredibile efficacia e fermezza in questa impresa proprio dai suoi primi territori ereditari. L'evolversi della situazione portava intanto il giovane arciduca a posti di sempre maggiore responsabilità.

Mattia lo nomina Re di Boemia (1617-1619) e alla sua morte diventa Imperatore del Sacro Romano Impero (1619-1637) e poi Re d' Ungheria (1621-1625). Grande e convinto sostenitore della Controriforma. La sua politica di persecuzione contro i protestanti in Boemia fu all'origine della "defenestrazione di Praga" del 1618, che fin' con lo scatenare la rivolta dei boemi contro la dominazione asburgica e che fu tra le cause della guerra dei Trent'anni.

Egli, dopo i primi grandi successi ottenuti nei primi anni del conflitto, tentò di imporre ulteriori restrizioni ai protestanti con l'Editto di restituzione del 1629 denominato dagli storici dell'epoca e successivi come *"la causa di tutti i mali"*, le cui clausole non furono mai completamente attuate ed infine completamente radiate dopo la pace di Westfalia.

Con l'Editto di restituzione, Ferdinando obbligò i principi protestanti a riconsegnare alla Chiesa cattolica tutti i beni sottratti in guerra; ben presto il suo tentativo di imporre la religione cattolica nell'impero portò al divieto di professare qualsiasi altra confessione e all'espulsione di tutti i protestanti. Mentre fuori dei confini l'opposizione agli Asburgo si raccoglieva sotto l'egida di Richelieu, i contrasti politici interni si rafforzavano: nel 1632 la frattura tra l'intransigenza religiosa dell'imperatore e le posizioni più tolleranti di Wallenstein divenne incolmabile.

Nel 1634 Ferdinando giunse persino a ordinare l'assassinio del suo generalissimo, e questo, unito all'impresa iniziata dal Re protestante Gustavo II Adolfo, indebolì ulteriormente l'autorità imperiale. Alla morte dell'imperatore nel 1637, molti dei suoi alleati lo avevano ormai abbandonato e la Francia si era schierata apertamente in sostegno dei protestanti; la conclusione della guerra dei Trent'anni spettò quindi al figlio, Ferdinando III.

migliore, presto si convinse di non poter resistere all'esercito boemo (aumentato intanto dai contingenti di Slesia e della Lusazia, che avevano riconosciuto il nuovo governo di Praga), si ritirò a sud e costretto in battaglia dalle baldanzose truppe ribelli fu sconfitto a Pilgram-Lomnitz, dopo ben nove ore di combattimento.

Gli imperiali grazie alle protezioni di boschi, villaggi in fiamme e soprattutto alla sopraggiunta oscurità trovarono rifugio nella vicina città fortificata di Budejovice, dove si fermarono per ben due anni. Thurn dichiarò vittoria, ma Bucquoy riuscì a salvare gran parte delle sue truppe ed a operare una ritirata ordinata.

Il 25 novembre i boemi attraversarono la frontiera austriaca, sperando di trovare alleati fra i nobili protestanti, ma la stagione era ormai troppo avanzata e, dopo la caduta di Pilsen, avvenuta il 21 novembre posero i quartieri invernali.

Nonostante si fosse nel periodo meno propizio alle operazioni militari, Thurn volle tentare il colpo risolutivo marciando su Vienna, ma l'impresa non ebbe fortuna: le lande desolate, le popolazioni ostili, la precarietà delle truppe lasciate a controllare l'assedio di Budejovice, suggerirono la sospensione delle operazioni.

Il 1618, dunque, era stato abbastanza favorevole alle armi boeme, ma la disorganizzazione militare aveva già mostrato quali difficoltà si opponevano per far fronte in una lunga guerra all'efficienza e alla disciplina delle forze cattoliche.

I soldati, per esempio, ricevevano paga e viveri solo dalle città libere e dai nobili che li avevano arruolati: costoro, per fare economia, li congedavano non appena erano certi che il pericolo per le loro terre fosse stato scongiurato. Con la morte dell'imperatore Mattia (20 marzo 1619), prima della ripresa primaverile delle ostilità, la situazione politica generale subì complessi mutamenti, di cui dovremo dare un quadro, sia pure schematico.

Il trono boemo divenne vacante, anche se Ferdinando, come s'è detto, era già Re *"in pectore"* dal 1617: il suo odio per i protestanti e la sua posizione di nemico, quale capo supremo dell'esercito imperiale, non potevano più essere in armonia con la volontà del popolo boemo.

Il pretendente più agguerrito, adesso, sembrava l'Elettore palatino, Federico, capo dei protestanti tedeschi e genero di Giacomo I d'Inghilterra, di cui aveva sposato la figlia Elisabetta.

Federico tuttavia, prima d'impegnarsi in una guerra contro gli Asburgo, voleva esser certo di avere buoni alleati e inviò a Torino il fedele Cristiano di Anhalt per saggiare le intenzioni di Carlo Emanuele di Savoia.

Questi era un altro pretendente al trono di Boemia e non aveva nessuna intenzione di assecondare le ambizioni di Federico (senza contare la preoccupazione di unirsi in una confederazione contro la potentissima Austria). Anhalt alla fine riuscì a convincerlo promettendo che Federico, in cambio dell'aiuto contro la Lega cattolica, si sarebbe accontentato dei distretti asburgici vicini al Reno, dato che queste terre, più prossime al Palatinato della remota Boemia, avrebbero avuto maggior valore per l'Elettore.

Carlo Emanuele, però, come riferisce ampiamente lo storico Lutzow nella sua "Storia della Boemia" non aveva sciolto ancora tutti i suoi dubbi: era disposto a sostenere la causa anti-austriaca e anticattolica solo se avesse ricevuto garanzie da Giacomo I d'Inghilterra, suocero di Federico ma apertamente simpatizzante per Ferdinando e gli Asburgo. Tuttavia, siccome gli ambasciatori inglesi del continente, trasportati dal loro zelo protestante, avevano assunto verso i luterani tedeschi un atteggiamento più favorevole di quanto non autorizzassero le istruzioni ricevute dal loro re, Anhalt riuscì a persuadere il duca di Savoia che Giacomo I aveva approvato i piani ambiziosi di suo genero. Così nel maggio del 1619 fu firmato un trattato d'alleanza a Rivoli: il duca di Savoia s'impegnò a impedire il passaggio attraverso il proprio territorio delle truppe spagnole dirette in Germania e in Boemia e promise un sussidio di 10.000 ducati all'Unione dei principi protestanti tedeschi di cui era a capo Federico. Questi, a sua volta, promise di inviare un esercito di 10.000 uomini in aiuto ai protestanti boemi e di usare tutta la sua influenza in favore dell'elezione di Carlo Emanuele a re di Boemia. Va inoltre reso noto, che a complicare ancora di più la complessa vicenda del trono di Boemia, vi era anche un terzo candidato: Giovanni Giorgio, Elettore di Sassonia, sostenuto da una parte dei protestanti tedeschi della Boemia.

Intanto, nella primavera, erano riprese le ostilità. Grazie ad aiuti esterni e a forti reclutamenti, en-trambi gli eserciti erano considerevolmente cresciuti. Il conte Thurn, condottiero dell'esercito boemo, entrò in Moravia dove non solo i cattolici ma anche buona parte dei protestanti capitanati da Zerotìn (fedele agli Asburgo) si erano opposti al nuovo governo di Praga.

Le truppe però furono bene accolte dalla popolazione e gli Stati della Moravia decisero infine che il loro paese, come la Boemia, doveva essere governato provvisoriamente da un corpo di trenta "Direttori ". Il successo di Thurn in Moravia indusse i "Direttori " a consigliarlo di avanzare in Austria e il generale, nel giugno, giunse, per la seconda volta fin davanti alle porte di Vienna (difesa da Dampierre) producendo panico fra i cattolici e ravvivando le speranze dei protestanti austriaci simpatizzanti coi Boemi che in effetti si sollevarono nella regione della bassa Austria.

In questo momento difficilissimo Ferdinando ebbe il coraggio di non fuggire, ed anche grazie all'arrivo di 400 soldati a cavallo giunti in città con l'arciduca Leopoldo fratello di Ferdinando, riuscì a risollevare la fiducia della popolazione.

Del resto le truppe boeme giunte sotto le mura viennesi erano poco numerose, peggio equipaggiate, mal pagate e affamate.

Senza artiglieria non potevano compiere nessun miracolo. Nello stesso tempo inoltre, in Boemia, Mansfeld subì una cocente sconfitta da parte di Bucquoy nell'imboscata di Zablat, dove perse ben 1.500 uomini e dove lui stesso si salvò a stento.

Questo provocò l'immediato ripiegamento delle truppe boeme davanti a Budejovice.

Lo stesso Thurn levò quindi l'assedio attorno Vienna e corse verso Praga minacciata mentre scoppiava un ammutinamento fra i mercenari boemi. Sarebbe stata la probabile sconfitta definitiva se, a sua volta, Bucquoy non fosse stato richiamato in Austria per difendere Vienna, minacciata questa volta da Bethlen Gabor principe di Transilvania, rivale di Ferdinando come pretendente al trono di Ungheria, e nuovo alleato dei Boemi. Bucquoy cercò di trarne il massimo vantaggio possibile, tentando un immediato recupero della Moravia, dove inviò un distaccamento agli ordini di Dampierre: questi venne però sconfitto da locali forze nello scontro di Wisternitz. Bucquoy ebbe miglior fortuna catturando la cittadina di Pisek, che dovette però essere presto abbandonata a seguito del ricongiungimento delle forze boeme con quelle transilvane. Per quanto riguarda la situazione politica, l'8 luglio la Dieta Generale, con funzione di assemblea costituente, si riunì a Praga per decidere la successione al trono boemo (regno elettivo e non ereditario). Il 13 agosto, stipulata un'alleanza coi protestanti austriaci per la difesa dei privilegi degli Stati e della fede protestanti, i nobili, i cavalieri e i rappresentanti delle città boeme decretarono la deposizione di Ferdinando, accusato di aver ottenuto nel 1617 la corona con la frode e di avere a suo tempo ferocemente perseguitato i protestanti della Stiria.

Quindi si decise l'elezione del nuovo re, una questione da affrettare il più possibile perché era giunta notizia che di lì a poco, a Francoforte, Ferdinando sarebbe stato eletto imperatore, col concreto pericolo di veder risollevate le speranze dei cattolici e intimoriti i sostenitori del candidato al trono di Boemia. Il quale era ormai diventato l'Elettore palatino, Federico, essendosi ritirato il duca di Savoia.

Carlo Emanuele, infatti, aveva capito perfettamente che Giacomo I d'Inghilterra non avrebbe mai aiutato né suo genero né i protestanti boemi. E neppure era più "in concorrenza" l'Elettore di Sassonia, rigido luterano, in aperta polemica coi calvinisti boemi che avevano insultato il suo cappellano Hoe, mentre predicava a Praga e l'avevano cacciato dal paese.

BETHLEN, GÁBOR 1580-1629

Principe della Transilvania negli anni 1613-1629, Re d'Ungheria nel 1620-1621. Nato da un'importante famiglia ungherese protestante, durante la prima fase della guerra dei Trent'anni si mise in luce con fortunate imprese militari a favore della causa protestante. Nel 1619 guidò l'esercito ungherese contro le truppe dell'Imperatore Ferdinando II. I successi militari e gli assedi di Vienna gli valsero l'elezione a Re d'Ungheria. Dopo la vittoria di Ferdinando II nella battaglia della Montagna Bianca, Bethlen raggiunse una tregua con l'Imperatore e rinunciò al titolo reale in cambio di alcuni ducati e della dignità di principe imperiale (1621). La pace però venne presto interrotta e nel 1623 egli impugnò nuovamente le armi contro Ferdinando. Dopo il 1626 uscì di scena dalla guerra dei 30 anni e si dedicò esclusivamente alle questioni interne della Transilvania, che trasformò nella culla della cultura ungherese e degli ideali patriottici magiari.

IL RE D'INVERNO

Il protestantesimo boemo non era stato mai né forte né unito, e senza forti alleati, aveva ben poche possibilità di sopravvivere.

In oriente sperava nell'appoggio indiretto dei turchi, e delle loro storiche ambizioni nei confronti dei confini orientali dell'Europa, nei protestanti ungheresi e, come abbiamo visto nell'incerto appoggio del misterioso e barbaro principe calvinista della Transilvania, Bethlen Gabor.

A sud nei protestanti dell'Austria, a ovest, poiché la Sassonia era inerte e impotente, nel Palatinato, vigorosa fortezza del calvinismo. Perciò dopo aver deposto Ferdinando, i boemi, come ricordato, si decisero ad offrire la corona boema a Federico V, l'elettore Palatino, o, come lo si chiamava allora in Inghilterra, il "Palgravio" dall'unione dei termini palatino e margravio. Questo candidato era ovviamente ben visto a Londra, dove il Conte Palatino veniva considerato come il campione della causa protestante sul continente. Sua madre era figlia di Guglielmo il Silenzioso; sua moglie, l'affascinante Elisabetta, figlia di Giacomo I, il re inglese allora regnante, e sorella di quel Carlo I che perderà la testa nello scontro con Cromwell. Ogni impavido protestante era disposto a impugnare la spada per la principessa inglese, il cui giovane marito tedesco pareva destinato a guidare la rivolta contro gli Asburgo.

▲ *I sovrani di Boemia: Federico Palatino ed Elisabetta Stuart. Tele di Gherardo delle notti 1634. Museo di Heidelberg*

FEDERICO V PALATINO 1596-1632 RE DI BOEMIA

IL RE D'INVERNO

Federico V di Palatino era figlio dell'elettore Federico IV il giusto. Nasce ad Amberg il 26 agosto 1596 nel Palatinato superiore. Alla morte del padre, a quattordici anni diviene Elettore Palatino. Federico V era nel 1618 un ventiduenne magro ed elegante. Di carattere docile e mansueto, alieno da vizi (a parte una certa indolenza all'ozio), ma anche privo delle virtù necessarie ad un principe. Fervente calvinista, la sua educazione venne portata avanti dal cancelliere suo e di suo padre: Cristiano di Anhalt, che ebbe sempre un importante peso nelle decisioni del suo signore. Altra persona che esercitò notevole influenza fu la moglie contemporanea Elisabetta Stuart (1596- 1662). Inglese, figlia del re Giacomo I.

Ella era una principessa piena di vita, bella, intelligente e dotata di una ricercata grazia. Per fortuna di entrambi, quello che era nato come un matrimonio di stato divenne presto una forte unione amorosa. La vita alla corte di Heidelberg fu una continua luna di miele, nonostante Elisabetta disprezzasse la lingua del marito, che non volle mai imparare. Si sposarono nel 1613 ed ebbero ben tredici figli. Alla fine della guerra Federico era già morto da sedici anni ed Elisabetta, nonostante la restaurazione dello stato del Palatinato, non poté farvi ritorno e solo nel 1661 riuscì a far rientro in Inghilterra.

La figlia Sofia, sposando il duca di Hannover diede origine all'attuale dinastia reale britannica. Un altro figlio il principe Rupert si coprì di gloria sui campi della guerra civile inglese, combattendo per lo zio Re Carlo I.

Accettando prima la direzione dell'unione protestante, e poi la corona boema il giovane elettore palatino segnò il suo destino e quello di quasi tutti i tedeschi ed i boemi.

Con un corteo elegantissimo e molto reale i due giovani coniugi giungono a Praga per essere incoronati nel 1619.

All'inizio l'entusiasmo per questa bella e sofisticata coppia fu molto alto. La figura regale di Federico fu molto apprezzata, e pochi indagarono a fondo sulle reali potenzialità del giovane principe che non parlava una parola di ceco.

Presto però ci si accorse della distanza che separava il popolo boemo da questi due capricciosi regnanti. La regina riuscì persino a dare scandalo portandosi al bagno nel fiume completamente nuda con le sue damigelle.

Federico che aveva già le sue belle gatte da pelare andò intanto a complicarsi la vita con tutta una serie di problemi politico religiosi.

I boemi cominciavano seriamente a domandarsi se la loro fosse stata una scelta ponderata, felice e soprattutto utile.

Nonostante avesse promesso agli Stati cattolici, sul cui aiuto confidava, di reprimere ogni misura ostile alla Chiesa romana, una volta incoronato re, da buon calvinista, fece togliere tutti gli altari e i quadri dalla cattedrale di S. Vito, santuario veneratissimo dalla nazione boema.

Il suo regno durerà esattamente un anno, ma dato l'inizio e la fine, avvenuti durante il periodo invernale; Federico sarà ricordato come il *Winter Konig* (il re d'Inverno).

A seguito della pesante sconfitta subita alla Montagna Bianca, Federico perderà il trono di Boemia, il titolo e tutto il feudo Palatino che passeranno al cugino Massimiliano di Baviera fino alla sua morte.

Avvenuta la quale (nel 1651) il titolo di Elettore Palatino fu ridato al figlio di Federico ed Elisabetta: il secondogenito Carlo Ludovico I°.

A Londra era assai popolare l'idea che si dovessero mandare truppe inglesi a difendere il Palatinato mentre il Conte Palatino muoveva alla riscossa della Boemia, all'inizio di una breve avventura che gli meriterà l'appellativo di *Winter Konig* (il re d'inverno). Suo suocero Giacomo I però non condivideva questo entusiasmo nazionale, inebriante, ma ben poco saggio. E bisogna riconoscere che, in un certo senso, questo re pedantesco era più illuminato dei suoi sudditi.

Impegnato più nel suo tentativo di creare un'unione profonda tra l'Inghilterra e la Scozia.

Pensava che, dopo le lunghe e sanguinose lotte religiose, era ormai tempo che regnasse in Europa un po' di pace e di tolleranza.

Firmò pertanto nel 1604, una pace con la Spagna e, addirittura, brigò per procurare a suo figlio Carlo un impopolare matrimonio spagnolo, che servisse a suggellare questa nuova tregua, quando si trovò a dover rispondere all'offerta boema così sentita dai suoi sudditi.

Saggio era dunque cercare in ogni modo di dissuadere il Conte Palatino dall'iniziare un'impresa disperata, destinata a trascinare in guerra tutta l'Europa. Ma Giacomo non volle o non seppe convincere il genero, divenendo in tal modo in parte responsabile dei mali che seguirono.

Quindi il conte Palatino, ambizioso, ma giovane inesperto e piuttosto timido, cedette alla pressione degli scalmanati calvinisti e, senza pensare al seguito, si lasciò incoronare re di Boemia.

Questo fatto, immediatamente provocò il ritiro dell'appoggio di molti membri dell'Unione evangelica, a maggioranza luterana. Finalmente il 27 agosto 1619 Federico fu eletto Re (pochi giorni dopo l'arciduca Ferdinando fu eletto imperatore all'unanimità). L'assemblea boema venne convinta dall'eloquenza di Venceslao di Ruppau che esagerò nell'enumerare le potenti alleanze che l'Elettore palatino avrebbe portato con sé: l'Inghilterra, i Paesi Bassi, l'Unione dei principi tedeschi protestanti, la Svizzera e la Savoia.

Federico a sua volta, pavido e dubbioso, accettò con riserva in attesa di conoscere le intenzioni di suo suocero che non aveva mai nascosto le sue simpatie per Ferdinando, da lui considerato legittimo re di Boemia (anche se per Federico e i protestanti simpatizzava la maggior parte dell'opinione pubblica inglese).

Ma l'ambiziosissima moglie di Federico, Elisabetta, (chiamata poi dagli autori cattolici "Elena di Germania " per tutte le sciagure arrecate negli Stati tedeschi dalla Guerra dei Trent'anni), lo spinse ad accettare la corona.

Ed altrettanto influì Cristiano di Anhalt, dicendogli che se avesse rifiutato, dopo aver tanto intrigato per ottenere il trono boemo, sarebbe stato disprezzato e abbandonato da tutti.

Così, senza attendere il parere di suo suocero, Federico accettò, raggiunse la moglie ad Heidelberg nel Palatinato e di lì Elettore ed Elettrice mossero verso la Boemia, varcandone il confine il 25 ottobre a Waldsassen dove furono ricevuti da una deputazione di tutte le terre della Corona.

Il 31 ottobre entrarono a Praga trionfalmente e il 4 novembre furono incoronati nella cattedrale di S. Vito sul Hradcany. Nobili e cittadini furono soddisfatti del nuovo sovrano.

Le buone maniere di Federico gli avevano procurato grande popolarità anche se, non ci si era finora accorti della sua incapacità. Il fatto che l'Elettore palatino ignorasse la lingua boema fece diminuire la simpatia nei suoi riguardi e lo fece considerare ben presto come uno straniero. Così come straniera era guardata la regina, la quale non solo ignorava la lingua boema ma masticava pochissimo anche la tedesca.

Una "muraglia cinese ", come dice lo storico Gindely, la separava dalle signore di Praga, alcune delle quali parlavano il francese, ma nessuna l'inglese. Così Elisabetta si ritrovò, nel suo splendido isolamento, a trattare soltanto con le dame di corte e si diceva che, conversando con esse, parlasse della nuova casa con altezzosa sufficienza.

Il che contribuì a diminuire sensibilmente la sua popolarità. Oltre alla guerra in corso contro gli imperiali, Federico dovette affrontare numerosi problemi politico-religiosi. Nonostante avesse promesso agli Stati cattolici, sul cui aiuto confidava, di reprimere ogni misura ostile alla chiesa romana, una volta incoronato re, fece togliere tutti gli altari e i quadri dalla cattedrale di S. Vito, santuario veneratissimo dalla nazione boema. Esultarono i Fratelli Boemi (calvinisti) ma insorse, oltre a quello cattolico, il clero luterano e il cappellano dell'Elettore di Sassonia, Hoe, fece di tutto per incitare l'opinione pubblica in Germania e in Boemia contro Federico.

Fino a tutto l'inverno fu un alternarsi di fatti d'arme, favorevoli di volta in volta ai Boemi o agli imperiali. Alla ripresa delle ostilità, nella primavera del 1620, la Boemia si trovò politicamente e militarmente isolata.

Vediamo, brevemente, su quali alleanze poteva contare l'imperatore Ferdinando. Primo alleato, naturalmente, Filippo III di Spagna. Questi s'impegnò a mandare un forte contingente di truppe in aiuto a Bucquoy e a invadere con un secondo esercito il Palatinato dalla parte dei Paesi Bassi per tagliare a Federico, in Boemia, la strada dei suoi domini ereditari. Quindi il Papa, Paolo V, che raccolse ingenti somme per l'esercito della Lega cattolica; il granduca di Toscana, che inviò truppe a Ferdinando, e perfino il duca di Savoia, che, mutata completamente bandiera, offrì all'imperatore parte del suo esercito.

Dall'Europa settentrionale, Sigismondo di Polonia permise a Ferdinando di arruolare truppe cosacche, i famosi "cani sanguinari" che contribuirono col terrore a reprimere i sentimenti filoboemi dei principi protestanti dell'Austria.

Contro questa imponente coalizione di forze, Federico non poteva contare che sull'aiuto piuttosto debole di alcuni nobili protestanti dell'Austria e su quello di Bethlen Gabor, principe di Transilvania fiero avversario di Ferdinando, come s'è visto, per la successione al trono di Ungheria.

Neppure i principi protestanti di Germania, della cui Unione si badi bene Federico era il capo, gli erano del tutto favorevoli, per ancestrale odio contro gli slavi: gli rimproverarono, anzi, di aver condotto in Boemia alcune truppe dell'Unione.

Persino i protestanti Cristiano IV di Danimarca e l'elettore di Sassonia Giovanni Giorgio erano fortemente preoccupati e contrariati dalla piega che la vicenda stava assumendo.

▲ *Primi scontri in Boemia. Quadro di Pieter Meulener.*

▲ *Massimiliano I Giuseppe Leopoldo Ferdinando Wittelsbach, elettore e duca di Baviera (1573-1651)*

IL TRATTATO DI ULM

Gli ultimi scontri del 1619 videro protagonista Bethlen Gabor, il quale mise a scacco l'Ungheria, conquistando l'allora capitale Pressburg (Bratislava). Grazie ad un armata composta quasi esclusivamente di ussari (cavalleria leggera) ma assai numerosa, ebbe facilmente ragione delle difese imperiali della città composte da una guarnigione di soli 2.000 uomini.

Questo provocò la ritirata su Vienna di Bucquoy inseguito da vicino dall'armata boema. Gli imperiali però condussero un buon ripiegamento, respingendo il nemico nello scontro di Ulrickskirchen del 24 ottobre e ottenendo il tempo necessario all'attraversamento dei ponti sul Danubio ed il loro successivo abbattimento.

Gli avversari di Ferdinando erano infatti troppo numerosi al momento, circa 42.000 uomini. Questo fu il miglior momento per la causa boema, e Thurn si accinse al suo terzo ed ultimo assedio alla capitale austriaca sebbene, come per i primi due, anche il terzo non produsse alcunché. A complicare la questione intervennero gli alleati ungheresi dell'imperatore capitanati dal conte Homonna che, congiuntamente a truppe mercenarie polacche, invasero la Transilvania e sconfissero pesantemente (2.000 caduti) i calvinisti guidati dal secondo di Gabor, il principe Rakoczy nella battaglia di Ztopko del 21 novembre.

Questo fatto provocò l'immediato dietro front di Bethlen Gabor nel tentativo di salvare stavolta la sua capitale. Il 5 dicembre col sopraggiungere dell'inverno le armate sospesero le ostilità.

La guerra ricominciò nel Febbraio del 1620 con

MASSIMILIANO I° WITTELSBACH DUCA DI BAVIERA

Il signore di Monaco

Massimiliano I di Wittelsbach (Monaco 1573 -Ingolstadt 1651), duca di Baviera ed elettore del Sacro Romano Impero; combatté tra le file dei cattolici nella guerra dei Trent'anni (1618-1648) in qualità di capitano generale della Lega Cattolica. Figlio del duca Guglielmo V, ricevette una severa educazione cattolica dai gesuiti; nel 1597, dopo l'abdicazione del padre, ereditò il Ducato allora poco significativo e relativamente povero, ne riorganizzò l'amministrazione, rafforzò il controllo sui suoi domini e su quelli della Chiesa. Grazie ad accorte scelte finanziarie divenne presto uno degli uomini più ricchi dell'impero e con le nuove entrate modernizzò l'esercito e ne affidò il comando al conte Tilly. Preoccupato per il crescente potere acquisito dall'Unione evangelica, costituita nel 1608 da Federico V, elettore del Palatinato, Massimiliano creò a sua volta la Lega cattolica nell'ottobre del 1609.

Nel 1620, poco dopo lo scoppio della guerra dei Trent'anni, affrontò i protestanti nella battaglia della Montagna Bianca, che gli valse nel 1623 il Palatinato e il titolo di principe elettore. Carica che Massimiliano pretese a tutti i costi nell'assemblea deputativa di Ratisbona, creando non pochi problemi all'Imperatore.

Nel prosieguo della guerra l'autorità di Massimiliano cominciò a essere offuscata da quella crescente di Albrecht von Wallenstein, comandante di un esercito indipendente, ma al servizio dell'Imperatore.

Esercito che si affiancò a quello di Baviera alla morte del Tilly (1632), dopo che il re Gustavo II Adolfo di Svezia ebbe invaso la Germania.

Sconfitto definitivamente nel 1647 dalla Svezia e dalla Francia, Massimiliano firmò l'armistizio di Ulm. La guerra dei Trent'anni si concluse l'anno seguente con la pace di Westfalia, che riconobbe tuttavia il diritto di Massimiliano di regnare sull'Alto Palatinato.

tanti piccoli scontri soprattutto nella regione morava, favorevoli in maggior misura alle armi imperiali, mentre i boemi, ora capitanati dal "consigliere" Anhalt vantarono un solo successo a Meissau. Nel frattempo Bethlen Gabor, risolti i problemi in casa propria, tornò nell'agone riportando in sostanziale parità la forza dei due schieramenti contrapposti. Questa situazione di stallo durò qualche mese. Poi, a dare il colpo di grazia alle speranze di Federico, venne il trattato di Ulm (3 luglio 1620) stipulato per abile manovra degli inviati francesi (favorevoli agli Asburgo) fra Massimiliano di Baviera a nome dei cattolici e l'Elettore di Brandeburgo a nome dei principi protestanti e delle città libere della Germania.

Con questo accordo le due parti s'impegnavano reciprocamente, attenti alle sottigliezze, a non assalire le terre a loro appartenenti: così la Boemia, che non era inclusa in questo trattato, rimase esposta agli attacchi della Lega cattolica.

I protestanti tedeschi chiesero tuttavia, più che altro per salvare la faccia, che l'arciduca Alberto, governatore dei Paesi Bassi spagnoli, non assalisse i domini dell'Elettore palatino: la richiesta non fu però accolta da Massimiliano poiché l'arciduca Alberto non era membro della Lega e non poteva quindi ricevere ordini da lui.

Così l'arciduca stabilì di inviare nel Palatinato un esercito spagnolo condotto da Ambrogio Spinola e il Re di Boemia non poté più nutrire alcuna speranza di ricevere aiuti dai suoi.

LA CONTROFFENSIVA CATTOLICA

Ora Ferdinando aveva un forte alleato in più, la Baviera, con il suo braccio armato: l'esercito della lega cattolica al comando di Jean T'serclaus Tilly (1559-1632) un grande generale vallone educato all'arte militare spagnola sui campi di Fiandra. I cugini spagnoli intervennero con generosità offrendo 3 milioni di ducati alla causa cattolica. La Sassonia ruppe gli indugi e passò dalla parte di Vienna. L'armata di Tilly composta da 30.000 soldati e 20 cannoni si mosse per prima, portandosi su Passau ed entrando nell'Austria superiore dove domò in fretta le locali resistenze occupando Linz.

Spinola seguendo gli ordini si mosse dalle Fiandre, portandosi nel palatinato inferiore. La situazione strategica in questa estate del 1620 vedeva le forze imperiali composte da più di 40.000 uomini divise in tre grossi tronconi.

L'esercito principale al comando del Bucquoy nell'Austria inferiore.

Le forze al comando di Dampierre dentro Vienna ed il corpo di Marradas che teneva la cittadina boema di Budejovice. Fronteggiati da equivalenti forze ribelli: le armate di Anhalt, Bethlen Gabor e l'esercito di Mansfeld a Pilsen. Dampierre mosse quindi su Pressburg a pressare i transilvani; contemporaneamente iniziava da parte sassone la campagna di Lusazia e Slesia atta a prevenire l'intervento filo boemo di queste due regioni.

Fu stabilito pertanto nell'agosto del 1620 che l'esercito della Lega cattolica si unisse con quello di Bucquoy e con il corpo di Marradas e che insieme invadessero la Boemia.

L'incontro conclusivo avvenne ad Horn l'8 settembre. Per la nota impreparazione militare di Re Federico, la difesa del Paese fu affidata a un consiglio di guerra di cui facevano parte, oltre a Thurn, Anhalt, Hohenlohe e Mansfeld, il barone Tschernembl e il generale Hofkirchen, capi rispettivamente degli eserciti protestanti dell'Austria Superiore e dell'Austria Inferiore.

Il Consiglio indusse il Re ad abbandonare Praga e a raggiungere le sue truppe, per ragioni soprattutto di dignità, dato che suo cugino Massimiliano di Baviera guidava direttamente le forze cattoliche. Questi considerarono come probabile un prossimo attacco della controparte cattolica in Moravia, in verità Tilly aveva tutt'altro in mente, e con la riunita armata imperiale mosse in direzione nord-ovest, puntando decisamente su Pilsen in Boemia.

▲ *Milizia di Norimberga, porta stendardo 1618-19. A destra in primo piano un'ufficiale spagnolo dell'armata delle Fiandre negli anni 1615-1620. Con uniformi e fogge simili a queste dovevano presentarsi i combattenti alla Montagna bianca.*

Contemporaneamente l'offensiva sassone in Lusazia si concluse abbastanza velocemente, e per Giovanni Giorgio si trattò di una passeggiata se si esclude la modesta resistenza della capitale Bautzen occupata in ottobre.

Le cose, per gli imperiali, andarono meno bene in Ungheria dove Dampierre perse addirittura la vita nell'assalto fallito di Pressburg.

Questo scacco permise al Gabor di inviare 8.000 ussari in rinforzo ai boemi. Anhalt nel frattempo resosi conto dell'errore di valutazione ripiegò sulla linea difensiva di Tabor, linea che però non offriva un serio ostacolo a Tilly che nel frattempo giunse a Pisek e finalmente il 5 di ottobre dinanzi alla fortezza di Pilsen.

La città boema era saldamente nelle mani del mercenario Mansfeld, ma pare che questi accordatosi con il Bucquoy, non intendesse porre una seria resistenza e segretamente non intervenne, molto probabilmente il generale mercenario venne corrotto dal denaro imperiale.

Informatissimi dei dissensi fra generali tedeschi e boemi e degli ammutinamenti fra i soldati, gli imperiali, che pure avevano i loro problemi, non ultimo un attacco di febbre tifoide che aveva colpito molti soldati, cercarono di guadagnare tempo e decisero di non marciare su Praga per la via diretta di Rokycan, intorno alla quale era accampato l'esercito di Federico, ma di avanzare da Pilsen verso Kralovic, come se intendessero attaccare la Boemia dal nord.

Dopo averla raggiunta, si volsero improvvisamente verso est, in direzione di Praga secondo la rischiosa strategia studiata dal Tilly e subito assecondata dal suo "superiore" Massimiliano duca di Baviera, che prevedeva di aggirare le piazzeforti boeme puntando diritti al cuore della rivoluzione: la capitale boema.

Bucquoy non era dell'idea, ma gli venne suggerito dallo stesso imperatore di adeguarsi al progetto bavarese, quell'alleato del resto era per lui troppo importante. La finta degli imperiali non aveva ingannato però Anhalt, che col suo esercito marciò per via diretta su Praga, arrivando a Rakonic poco prima delle forze cattoliche.

Purtroppo lo scoraggiamento e l'indisciplina compromettevano ormai seriamente l'efficienza dell'esercito boemo. Il Gindely racconta che in uno degli scontri presso Rakonic 250 cavalieri boemi fuggirono precipitosamente all'avvicinarsi di 18 bavaresi. I due comandanti Anhalt e Thurn erano in continuo litigio sulle decisioni da prendere, e certo le truppe affamate e con molte paghe arretrate, i sistematici saccheggi degli irregolari ussari ungheresi non concedevano loro tregua. Sul fronte opposto l'esercito cattolico aveva risolto i propri dissensi accettando la guida del Tilly che poteva disporre ora dell'armata al completo con l'eccezione di due distaccamenti: il primo al comando del Marradas a controllare Mansfeld; l'altro al comando di Wallenstein, un generale alle sue prime comparse, ma del quale ci occuperemo in seguito, occupava il Nord della Boemia ad incrociare gli alleati sassoni.

Con le armate contrapposte, vi furono tentativi di penetrazione da parte dei bavaresi senza successo, stessa sorte ebbero tentativo più ambiziosi e audaci del Bucquoy.

Seguirono alcuni giorni di cannonate, in cui i boemi restituirono colpo su colpo; un secondo tentativo del Bucquoy che rimase ferito nell'azione. Rendendosi conto che le fortificazioni di Rakonic rendevano assai arduo sloggiarvi Anhalt, i cattolici sotto il comando del generale Tilly decisero di evitare i Boemi e di marciare su Praga.

Anhalt intuì anche questa volta la manovra, precedette Tilly e all'alba del 7 novembre raggiunse i sobborghi della capitale attestandosi sulla forte posizione di Bilà Hora, la Montagna Bianca.

Tilly e il duca di Baviera decisero di attaccare subito, anche in considerazione del fatto che, seguendo l'esempio pessimo di Federico, molti ufficiali boemi avevano abbandonato le truppe per ritirarsi a Praga.

JOHANN T'SERCLAES VON TILLY 1559-1632

Il Generalissimo cattolico

Tilly fu un grande generale fiammingo (vallone) allevato alla scuola militare spagnola.

Da bambino vide la distruzione del suo paese ad opera dei calvinisti olandesi.

Già al servizio dell'imperatore Rodolfo, allo scoppio della guerra dei Trent'anni nel 1618, venne nominato comandante delle truppe della Lega cattolica da parte del duca di Baviera, Massimiliano Wittelsbach, e riportò una lunga serie di successi. Spese tutta la sua vita combattendo per la causa cattolica, e amava fregiarsi di stendardi in cui compariva la Santa madre di Dio. Si considerava in questo un soldato di Cristo, un tardo crociato, alla stregua dei cavalieri di Malta.

Amato dai suoi uomini che lo chiamavano "papà Tilly", sant'uomo in armatura o capitano baciato dalla fortuna (combatté 40 battaglie e non ne perse neanche una, almeno fino al 1631).

Nel 1620 vinse la grande battaglia della Montagna Bianca, e nel 1622 sconfisse le forze protestanti a Wimpfen. Ancora nel 1623 riportò un'importante vittoria sul principe luterano Cristiano di Brunswick, a Stadtlohn, e poco dopo venne insignito del titolo di conte del Sacro Romano Impero e del grado di Generalissimo (come più tardi accadrà anche per il Wallenstein). La sconfitta che inferse al Re Cristiano IV di Danimarca a Lutter am Berenberg, nel 1626, portò alla firma del trattato di Lubecca nel 1629 e alla chiusura della fase danese. Quando le truppe protestanti svedesi invasero la Germania nel 1630, Tilly prese il posto di Albrecht von Wallenstein, duca di Friedland caduto nel frattempo in disgrazia, come comandante delle forze cattoliche imperiali di Ferdinando II. Nel 1631 era considerato il più importante e rispettato soldato al mondo, ma proprio in quell'anno accaddero i primi rovesci cominciando dal massacro e distruzione di Magdeburgo, città nella quale vennero compiuti i più efferati stermini della guerra.

Venne poi sonoramente sconfitto a Breitenfeld quello stesso anno da Gustavo II Adolfo, re di Svezia. Tilly trovò la morte a seguito delle ferite riportate durante la battaglia sul Lech nel 1632, in cui le sue truppe subirono un nuovo rovescio da parte dell'esercito di Gustavo Adolfo. Colpito ad una gamba fu portato ad Ingolstadt dove spirò fra le braccia dei suoi soldati, ai quali aveva appena lasciato per testamento 60.000 talleri.

La sua idea militare favoriva l'uso "spagnolo" delle larghe e profonde formazioni (Tercio) contraria alla moderna tendenza che valorizzava invece le formazioni più agili e leggere secondo la moda svedese e francese. Non fu pertanto un brillante innovatore, era in compenso un abile stratega ed un eccellente tattico oltre che un leader riconosciuto. L'esercito della Lega era una sua completa creazione.

BILÀ HORA, LA BATTAGLIA DELLA MONTAGNA BIANCA

La grande battaglia venne combattuta a ovest di Praga in una località chiamata Bilà Hora, cioè Montagna Bianca dal candido colore della terra locale, già cava di gesso.
Una località oggi meta di passeggiate turistiche, capolinea di una linea di tram.
Sembra un nome di fiaba. Ed è un nome, invece, eternamente legato alla fine della indipendenza boema. La domenica, 8 novembre del 1620, qui ebbe inizio lo scontro che, nel volgere di poche ore, segnò la fine dell'indipendenza boema.
Pressoché identico numericamente, lo schieramento delle forze avverse: 12.000 uomini le truppe della Lega e 15.000 gli imperiali, totale 27.000 (altre fonti riportano invece 30.000); 27.000 (altre fonti dicono 20.000) uomini le forze di Anhalt, inclusi gli 8000 cavalieri ungheresi di Bethlen e i contingenti dei principi protestanti d'Austria. Le truppe cattoliche, ben equipaggiate e regolarmente pagate, erano disciplinatissime e pronte alla lotta. Mentre le truppe boeme, mal pagate dall'inizio della guerra, comandate da generali in aperto contrasto fra loro, erano demoralizzate e in continuo fermento.
La battaglia all'inizio, tuttavia, ebbe momenti alterni che non ne facevano prevedere la rapida conclusione. La cavalleria imperiale, per esempio, attaccò il reggimento del conte Thurn junior sull'estrema sinistra della posizione boema, ma fu valorosamente respinta e, a sua volta, la cavalleria boema del giovane principe Anhalt (figlio di Cristiano) aggredì la fanteria imperiale annientandone due reggimenti.
Momento pericoloso per i cattolici, tanto che Bucquoy, il quale per le ferite poteva a stento reggersi a cavallo, galoppò nell'accecante polverone fra i soldati per rianimarli mentre i monaci alzavano le croci gridando *In nome di Dio, combattete, smembrate gli infedeli*.

Anche i cavalieri ungheresi, nel loro primo impeto, sbaragliarono la cavalleria di Massimiliano ma a loro volta furono duramente battuti dalla sua fanteria. Così, considerando la battaglia già perduta, fuggirono disordinatamente verso il fiume Moldava, tentarono di attraversarlo in un punto vorticoso presso l'odierno sobborgo di Smichov e più di mille di loro scomparvero miseramente fra i gorghi.
Mentre la battaglia volgeva al peggio per le forze boeme, un piccolo contingente di truppe morave, capitanato dal conte Schlick, si ritirò verso l'interno del parco Stella, dove continuò disperatamente a combattere finché il terreno fu una distesa sterminata di cadaveri.
Scrisse il Krebs: " *Il muro sud orientale del parco della Stella divenne così la fossa dell'indipendenza boema. Ogni boemo che passa in quel luogo dovrebbe ricordarsi: quello che stai calpestando è suolo sacro*".
Anche i soldati tedeschi del Palatinato, che formavano la guardia reale di Federico, morirono tutti nel nome del loro debole sovrano.
Le imponenti forze combinate dei cattolici fecero presto ad abbattere le fragili fortificazioni erette in fretta da Anhalt la notte precedente la battaglia e tutto l'esercito boemo, in preda al panico, cominciò a scappare disordinatamente verso le porte della città.
Il re Federico, quando le truppe boeme si erano attestate alla Montagna Bianca, alla vigilia dello scontro, era corso a Praga, per presenziare al banchetto in onore degli ambasciatori inglesi inviati da suo suocero, Weston e Conway.
E fu durante il banchetto che apprese la notizia della battaglia. Montato a cavallo, si diresse allora verso la porta di Strahov, ma sì trovò travolto dalle avanguardie lacere e sanguinanti del suo esercito in rotta. Vedendo che tutto era perduto ritornò velocemente al castello da dove, accom-

pagnato dalla regina e dai dignitari, passò la Moldava e si ritirò nella Città Vecchia. Qui radunò i suoi consiglieri, proponendo loro di abbandonare subito la Boemia. Fu lasciato a Tschernembl, straniero e tedesco, il compito di rammentare ai Boemi la gloriosa vittoria riportata dai loro antenati sulla collina di Zizka; con altrettanta dignità parlò il giovane conte Thurn, unico fra gli ufficiali boemi che aveva combattuto eroicamente alla Montagna Bianca. Il padre Thurn, uno degli autori della "defenestrazione" e Cristiano di Anhalt, principale macchinatore degli intrighi politici che avevano portato Federico al trono, si pronunciarono invece per l'abbandono del Paese. Al termine di una animatissima seduta, si pregarono gli ambasciatori inglesi di entrare in trattative con Massimiliano e Bucquoy.

Poiché i cattolici sapevano benissimo che re Giacomo non aveva mai sostenuto la causa di suo ge-nero, gli ambasciatori tornarono senza risposta. Così si decise per la partenza immediata della regina col figlio, mentre il re tergiversava, dicendo di voler restare ancora in città.

Quando però, la mattina del 9, vide Elisabetta salire nella carrozza, fu impossibile trattenerlo più a lungo: montò a cavallo e diede il segnale per una fuga generale.

L'irresolutezza e la codardia mostrate dall'Elettore palatino, il quale pretendeva di governare un popolo fiero, maldisposto verso tutto ciò che era straniero e soprattutto tedesco, avevano resa disperata la posizione di Federico.

Anche l'entusiasmo religioso, anticattolico, su cui Budova, Ruppau e altri capi protestanti avevano fatto assegnamento e che speravano dovesse sostituire l'assente solidarietà di razza, era mancato del tutto, specie per l'inimicizia latente fra luterani e calvinisti.

▲ *La grande battaglia della Montagna Bianca presso Praga l'otto novembre 1620.*

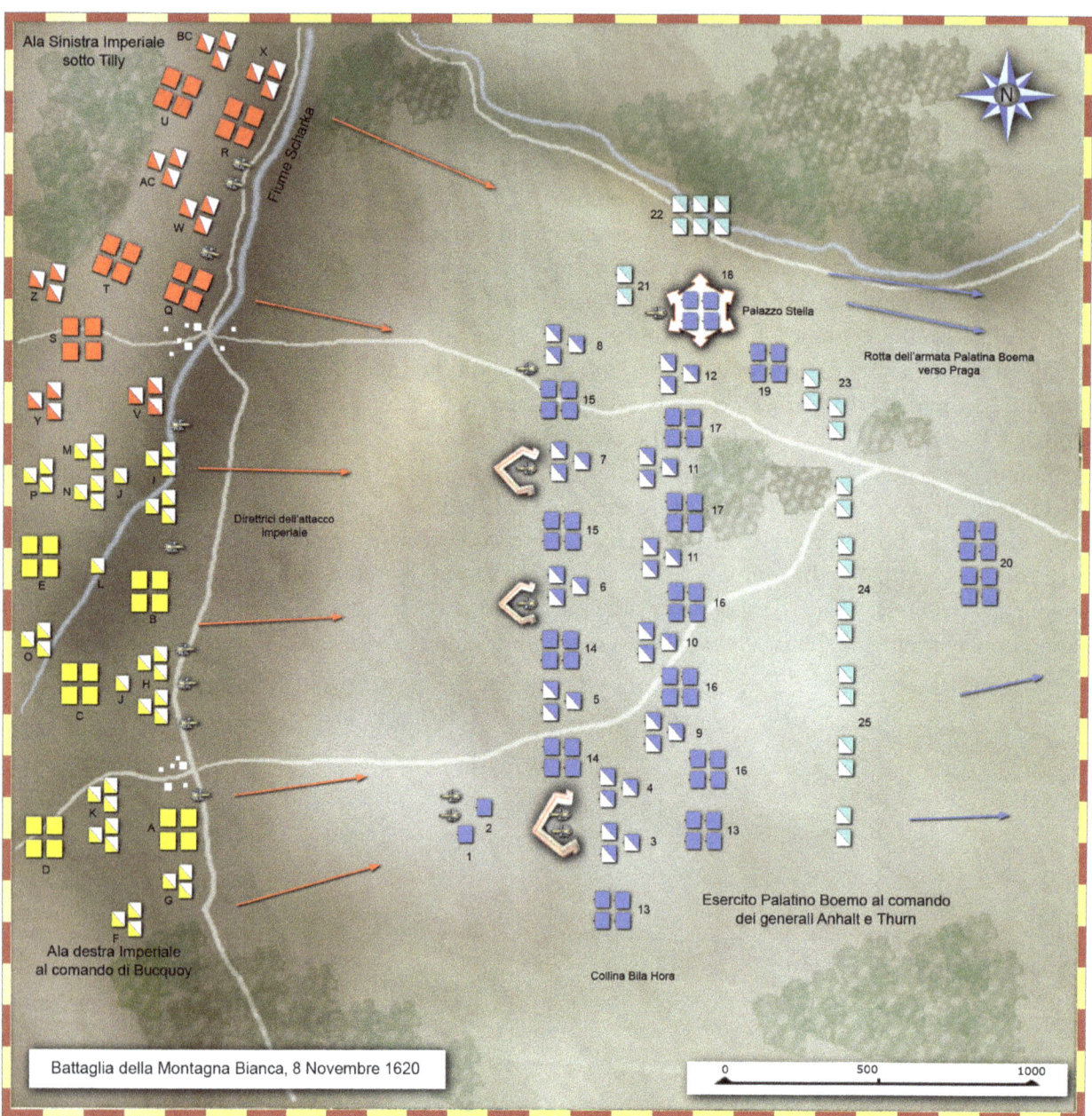

Battaglia della Montagna Bianca, 8 Novembre 1620

| 0 | 500 | 1000 |

Disposizioni iniziali alla Montagna Bianca

TRUPPE IMPERIALI: a sinistra le truppe della Lega del Tilly così disposte:

Cavalleria:
BC=Cosacchi polacchi 400.
AC=Herzelles corazzieri (Wurzburg) 350.
X= Eynatten corazzieri (Colonia) 400. W=Cavalleria Marcossay (Lorena) 350. Z=Bonninghausen Corazzieri (Westphalia) 400. V=Cavalleria Cratz (Baviera) 300.
Y=Cavalleria Papphenheim (Baviera) 300.

Fanteria:
U=Regg. Schmidt-Rouville (Austria) 2000.
R=Regg. Floreinville (Lorena) 1500.
T=Regg. Herliberg (Baviera) 1250.
Q=Regg. Bauer (Wurzburg) 1250.
S=Regg. Hasslang-Sulz (Baviera) 2000.

Totale: 8000 fanti, 2500 cavalieri e 8 cannoni.

A destra le truppe del Bucquoy così disposte:

Cavalleria:

I=Dragoni Areyzaga valloni 200.
H=Dragoni La Croix imperiali 300.
J=Dragoni Meggau (Austria) 300.
G=Dragoni Gauchier valloni 500.
F=Cosacchi polacchi 400.
K=Corazzieri Wallenstein Lamotte valloni 400.
L=Dragoni Lobel tedeschi 400.
M=Corazzieri Marradas (Spagna) 200.
N=Archibugieri a cavallo Dampierre valloni 300.
P=Dragoni Montecuccoli tedeschi 300.
O=Dragoni Histerle tedeschi 300.

Fanteria:

A=Regg. Verdugo tercio fiammingo vallone 3000
B=Regg. Breuner-Tiefenbach tedesco 1800.
C=Regg. Spinelli (Napoli) 2500.
D=Regg. Saxon-Nassau vallone 2200
E=Regg. Fugger tercio vallone 1500

Totale: 11.000 fanti, 3600 cavalieri e 4 cannoni.

Totale forze imperiali: 19.000 fanti, 6.100 cavalieri e 12 cannoni per complessivi 25.000 uomini.

TRUPPE PALATINO-BOEME:

Cavalleria:

1-2=dragoni in avanguardia 500
3=Dragoni Bubna-Solms 550.
4=Corazzieri reali 500.
5=cavalleria Hohenlohe olandesi 500
6=Dragoni Hoffkirch (Austria) 350.
7=cavalleria Slesia 300.
8=cavalleria Styrum tedeschi 400.
9=cavalleria Kien Moravi 300
10=cavalleria Borseda moravi 300.
11=cavalleria Jung Anhalt (Boemia) 400.
12=cavalleria Stubenvoll moravi 700.
21-25=ussari di Transilvania 6300.

Fanteria:

13=regg. Thurn boemo 2200
14=regg Hohenlohe boemo 2000
15=regg. Schlick moravo 2000
16=regg. Kaplir boemo 2400
17=regg. Pechmann (Austria) 600
18=regg. Sassonia-Weimar tedesco 600
19=regg. Jung Anhalt Tedesco 1000
20=Royal foot olandesi 800

Totale: 11.600 fanti, 11.400 cavalieri e 10 cannoni per complessivi 23.000 uomini

La Montagna Bianca è una bassa collina lunga circa 2/3 chilometri disposta da nord a sud, a pochi chilometri ad ovest del castello di Praga.

La collina è maggiormente scoscesa a nord con i declivi più gentili a sud. Il crinale a nord era inoltre rafforzato dalla presenza di un palazzo reale detto Parco Stella dotato di un parco (forse anche uno zoo) con alte mura. A separare i due schieramenti ai piedi della collina correva un paludoso torrente, lo Scharka attraversato da un solo ponte. Il comandante boemo Anhalt decise di sistemarsi sulla cima della collina, lasciando poche sentinelle a controllare il torrente.

Sistema l'armata su tre linee. La prima, la più avanzata, è anche protetta da alcune ridotte in terrapieno a proteggere i pezzi d'artiglieria.

Poco usualmente le truppe sono alternativamente di fanteria e cavalleria (contro la moda dell'epoca di sistemare la cavalleria sulle ali). La seconda fila ricalca lo schema della prima.

Nella terza fila è sistemata la massa della cavalleria transilvana, che ha anche distaccamenti all'ala destra dello schieramento protestante. Nel parco Stella vi sono due reggimenti di fanteria, e per finire dietro tutti, come estrema riserva quasi 1.000 fanti olandesi. Lo schieramento cattolico è invece diviso in due tronconi separati, entrambi ai piedi della collina. Sulla sinistra prende posto l'esercito della lega cattolica/bavarese al comando del Tilly. Su due fila con cavalleria alle ali con qualche reparto al centro. Sulla destra l'armata imperiale del Bucquoy più numerosa, disposta più in profondità su tre linee approssimative. Anche in questo caso con la cavalleria alle ali, ma con qualche significativo reparto a cavallo sistemato al centro.

LA CHIESA DELLA MADONNA DELLA VITTORIA

E'a Roma che dovete recarvi se volete vedere qualche vestigia risalente alla battaglia della Montagna Bianca. Qui difatti, nella centralissima via XX Settembre al numero 17, sorge una chiesa che è stata appositamente dedicata all'evento. Due anni dopo la battaglia furono portate a Roma le bandiere, le uniformi e le spoglie dei vinti, e dopo un solenne corteo vennero collocate nella chiesa di Santa Maria della Vittoria. Questa bella chiesa barocca è conosciuta e visitata più che altro per la presenza in essa della statua dedicata all'estasi di S. Teresa, capolavoro assoluto del Bernini. Il terreno su cui poi sorse la chiesa, era agli inizi del 600 in una zona pienamente rurale pur se prossimo al palazzo del Quirinale, allora residenza del Papa, ora la chiesa si trova invece a far parte del congestionato nodo di largo S. Susanna. Il terreno per edificare il santuario fu acquistato dai padri Carmelitani Scalzi nel 1607. Tra il 1608 ed il 1620 fu costruita la chiesa ad opera dell'architetto Carlo Maderno, già autore della vicina chiesa di S.Susanna.

Il primo nome della chiesa fu intitolata a S. Paolo apostolo. L'8 maggio 1622 vi fu trasferita un'immagine con l'Adorazione del Bambino, che aveva condotto alla vittoria le truppe cattoliche contro quelle protestanti nella battaglia della Montagna Bianca vicino Praga (8 novembre 1620), cosicché il nuovo nome della chiesa divenne S. Maria dello Vittoria. Si narra che questa immagine venne trovata pressoché integra nella bolgia della battaglia, ma pare che per la verità provenisse dalla vicina Pilsen. Nei decenni successivi, fino alla metà del Settecento, la chiesa venne arricchita ed impreziosita, nuovi restauri vi furono nell'ottocento, mentre tutti gli edifici annessi alla chiesa vennero inghiottiti ai primi del nostro secolo dalle nuove costruzioni.

La facciata che vediamo completare oggi la chiesa è opera di G.B. Soria, eretta tra il 1624 ed il 1626, e si ispira a quella vicina, e di poco precedente, di S. Susanna, opera come detto di Carlo Maderno. L'interno, a navata unica a volta a botte, risulta uno dei più riusciti esemplari di decorazione ba-

▲ *La grande battaglia della Montagna Bianca in una delle grandi tele romane della chiesa S.Maria Della Vittoria*

rocca in Roma, per la ricchezza dei marmi, degli stucchi e dei fregi. Nella seconda cappella destra, pala d'altare con la Madonna col Bambino e S. Francesco, ai lati S. Francesco in estasi e S. Francesco riceve le stimmate; i tre quadri sono le ultime opere eseguite dal Domenichino in Roma. Ma il fulcro di tutta la chiesa è costituito dalla quarta cappella sinistra, concessa dal cardinale Federico Cornaro nel 1644 e completata per opera del Bernini nel 1652. Si tratta di un insieme curato dal grande artista fin nei minimi dettagli, tutto incentrato sul gruppo scultoreo raffigurante S. Teresa trafitta dall'amore di Dio, scena tratta dalla descrizione che la santa stessa riportò nella sua vita, dove il momento dell'amplesso mistico è simboleggiato dalla figura dell'angelo sorridente che sta per colpire con una freccia il cuore della santa, il tutto illuminato da una luce dorata e soffusa sapientemente dosata dal Bernini.

Negli altri altari vicini tre opere dell'artista francese Nicolas Lorrain. Ma è nella sagrestia, posta dietro l'altare maggiore, nella cui abside vi è affrescata la scena del solenne corteo delle bandiere, che noi possiamo trovare le reliquie che ci interessano. All'interno di alcune grandi teche vetrate alle pareti, vi è tutta una serie di cimeli storici e oggetti di culto relativi alla battaglia del 1620 e pare anche a quella degli eserciti cristiani contro i turchi, sotto le mura di Vienna del 1683. Corredano le sale quattro grandi tele e altre più piccole che rappresentano altrettanti momenti della battaglia. Le tele grandi sono addirittura numerate come ad indicare in una sorta di fumetto del tempo lo svilupparsi e la conclusione della battaglia. Vi è poi una grande tela che raffigura la presentazione della famosa icona con la Madonna genuflessa che alcuni frati mostrano al condottiero vincitore, con sullo sfondo la città di Praga. Completano il tutto una serie di ritratti dedicati ai sovrani cattolici fautori della grande vittoria, vale a dire l'imperatore Ferdinando II ed il duca di Baviera Massimiliano.

Le bandiere che si possono osservare sono tre, ma

▲ *La chiesa S.Maria Della Vittoria in una incisione d'epoca*

pare che i cassoni della sagrestia ne contengano altre. Delle tre una appare illeggibile perché molto consunta. Vi si intravede una sorta di mezzaluna e una mano, potrebbe trattarsi di un reperto dell'assedio di Vienna del 1683.

Delle altre due la prima di colore chiara pare essere quella di una insegna imperiale, con ai quattro lati il cartiglio FR (Ferdinando re), ed al centro lo stemma austriaco con l'aquila bicipite e il blasone di Ferdinando Asburgo.

Più complessa l'attribuzione della seconda bandiera, di colore rosso e bianco con al centro un complesso blasone dorato, composto da un serto d'alloro sovrastato da una corona e recante la scritta in francese *pour Dieu et pour Elle*.

Potrebbe quindi trattarsi di uno stendardo dell'armata evangelica o palatina.

Ricordiamo che il *pazzo di Halberstadt*, Cristiano di Brunswick alla battaglia di Stadtlhon, aveva infastidito non poco il suo rivale Tilly, sventolandogli sotto il naso uno magnifico e largo stendardo sul quale campeggiava il motto: *"Tutto per Dio e per lei"* dove lei era la regina di Boemia Elisabetta Stuart moglie di Federico V elettore Palatino, e non certo la Madonna tanto venerata dall'illustre condottiero cattolico.

CONSEGUENZE DELLA GRAVE SCONFITTA BOEMA

Un re valoroso avrebbe forse tentato di radunare intorno a sé i fuggitivi. Il giovane calvinista invece si limitò a fuggire con la sua graziosa moglie, abbandonando i protestanti di Boemia alla mercé di Ferdinando; il quale, appoggiato ora non soltanto dai cattolici della Lega, ma anche dai luterani di Sassonia, non aveva ragione alcuna di esser mite verso i ribelli che avevano congiurato coi turchi, minacciato Vienna, e posto sul suo trono un eretico chiamato dall'altra estremità della Germania.

Decise perciò di estirpare dalla Boemia la religione protestante, e in questa sua risoluzione ebbe un successo raramente uguagliato nella storia della persecuzione. Un sistema di conquista diffusa e spietata repressione mise il paese sotto il giogo austriaco. S'impose ai cechi una classe dirigente intollerante quanto quella dei colonizzatori inglesi in Irlanda, e che non doveva essere seriamente minacciata fino al diciannovesimo secolo. Funzionari tedeschi governarono nello Hradcany, preti gesuiti furono messi a dirigere l'educazione nel *Clementinum*. Al seguito dei nobili, degli avventurieri e dei funzionari tedeschi, dei preti gesuiti e dei monaci cappuccini, giunsero anche i legulei tedeschi a bandire i principi autocratici della legge romana.

Sotto la loro rigida dottrina, i contadini boemi furono calpestati e ridotti in schiavitù.

Prima conseguenza della disperata impresa del Conte Palatino fu perciò la creazione di uno stato servile in Europa. Pochi giorni dopo la vittoria della Montagna Bianca, Bucquoy mandò a Vienna all'imperatore Ferdinando una grande cassa contenente tutti i documenti che ricordavano gli antichi diritti e privilegi della Boemia: fra di essi c'era l'odiatissima *Lettera di Maestà* che Ferdinando personalmente tagliuzzò con le forbici per

▲ *Altra tela dedicata alla battaglia della Montagna Bianca presenti nella chiesa S.Maria Della Vittoria*

dimostrare che, sotto il suo regno, non sarebbe stata che carta straccia.

Durante una solenne funzione di ringraziamento nella cattedrale di Santo Stefano, il cappuccino Fra Sabino ricordò con parola rovente a Ferdinando tutti gli insulti ricevuti dai Boemi e lo spinse ad agire con fermezza, senza pietà.

E se l'imperatore non avesse agito con la massima energia, risuonavano per lui le parole del profeta: *"Dacché ti sei lasciato sfuggire l'uomo degno di morte dalla tua mano, la tua anima pagherà il fio per la sua e il popolo tuo per il suo "*.

Ma Ferdinando non aveva nessuna intenzione di lasciarsi sfuggire di mano gli uomini *"degni di morte"*. Arrestati all'inizio del 1621 i nobili boemi che non avevano trovato scampo con la fuga. Ventisette di essi furono pubblicamente giustiziati il 21 giugno sulla piazza del mercato di Praga.

Le loro teste, conficcate su alte picche, furono esposte macabramente per mesi e mesi sulla sommità di un torrione.

Fra le vittime più illustri, che salirono serenamente il patibolo, il conte Schlick, il conte Cernin, il celebre medico Jessenius che aveva negoziato con Bethlen per conto del governo boemo. *"Quando uno di questi santi martiri di Dio era chiamato fuori dalla prigione per subire la pena"* scrisse il cronista Skala de Zhore *"con nostro grande stupore si congedava da noi con tanta gioia e tranquillità che rallegrava i nostri cuori, come se si apprestasse ad andare a un banchetto o a qualche altra festa..."*

Molti altri furono torturati, imprigionati e condannati a pene diverse. Cominciarono quindi le persecuzioni religiose, e la totale restaurazione della Chiesa di Roma fu il punto cardinale della politica di Ferdinando nel regno riconquistato (di cui, come primissimo atto, abolì la costituzione). Del resto, nella sua prima giovinezza, aveva solennemente promesso alla Madonna di Loreto di estirpare tutte le eresie nelle terre da lui governate. Gli agenti principali incaricati da Ferdinando di porre in atto la "riforma cattolica"

▲ *Teca con una bandiera imperiale conservata a Roma*

furono Giovanni Lobelius, arcivescovo di Praga, e Gaspare Questenberg, abate di Strahov, tutti e due tedeschi e avversi alla nazione boema.

La prima misura (ma innumerevoli altre ne seguirono) fu quella di espellere dagli Stati tutti coloro che professavano pubblicamente la dottrina calvinista o appartenevano alla Comunità dei Fratelli Boemi.

Ragioni politiche (la protezione dell'Elettore protestante di Sassonia, rimasto sempre fedele all'impero) rese invece più graduale la sottomissione dei luterani.

Immediata, ovviamente, l'invasione dei Gesuiti che, dispersi in 200 conventi, si dedicarono infaticabilmente alla *"romanizzazione"* del Paese.

Tre quarti delle terre boeme, inoltre, furono confiscate agli antichi proprietari e in gran parte donate ai nobili vicini agli Asburgo, fra cui italiani, come i Piccolomini, i Colloredo, i Collalto, che avevano aiutato in modi diversi gli eserciti della Lega. Fu la più grande spoliazione a carico di un popolo che la storia ricordasse.

Due terzi delle proprietà cambiarono di proprietario a costo zero o a prezzo vile. Wallenstein in particolare fu tra quelli che procurò maggiore ricchezza, in verità un'immensa fortuna.

Due anni dopo la battaglia della Montagna Bianca, le bandiere e le spoglie dei vinti furono trasportate a Roma e collocate, con un solenne corteo, nella Chiesa di S. Maria della Vittoria.

Nella sagrestia della chiesa vicina al Quirinale sono tuttora esposte quattro grandi tele (e altre quattro più piccole) che rappresentano altrettanti momenti della battaglia.

In un cassone sono conservati i brandelli dei vessilli conquistati dagli imperiali agli sconfitti.

Le conseguenze politiche, religiose, culturali e perfino architettoniche (il fastoso barocco di Praga) della Montagna Bianca furono incalcolabili: la Boemia, del resto, rappresenta l'unico caso di un Paese che, da protestante, divenne in pochi anni completamente cattolico. Una sorte che contraddice all'opinione generale secondo cui in nessuna terra le persecuzioni hanno potuto mai estirpare o mutare una fede religiosa.

RASTRELLAMENTO E FUGA

La sconfitta subita alla montagna bianca era di quelle da mettere in ginocchio chiunque, ciononostante le forze protestanti sparse per l'impero potevano contare ancora su un buon numero di uomini. L'armata di Mansfeld era intatta, vi erano altre truppe disponibili in Slesia ed in Germania. Ma i boemi erano stanchi di immani e luttuosi sacrifici, e Praga decise di arrendersi senza combattere. I Transilvani tornarono nella loro Ungheria. Nonostante tutto ciò, Federico di Boemia non si rassegnava al disastro.

Cercò dapprima un abboccamento con l'elettore di Sassonia, protestante, ma in quel momento egli era un suo deciso nemico e non ebbe fortuna. Sulle prime l'ingenuo principe non voleva neppure sentire parlare di rinuncia al trono boemo. Presto però si dovette rassegnare, ma allora pensò di potere dettare alcune condizioni che, data la sua posizione, erano quanto mai assurde. Addirittura ebbe la presunzione di chiedere

▲ *Altra immagine coeva della battaglia di Praga*

all'imperatore un compenso alla propria rinuncia sotto forma di un vitalizio oltre al pagamento delle spese di guerra da lui sostenute.

Ad una tale richiesta indegna e debole non venne ovviamente nemmeno data risposta.

Cercò allora di organizzare qualche forma di resistenza in Moravia, ma scoprì che la stessa si era già arresa. Fuggì allora con la famiglia e pochi altri seguaci attraverso il Brandeburgo e raggiunse più tardi l'Olanda dove insediò una sorta di governo in esilio. Alcuni dei suoi generali come il giovane Thurn e Anhalt fuggirono o cercarono una sottomissione con l'imperatore.

La sua Praga lasciata in balia delle truppe della lega cattolica venne sistematicamente saccheggiata. Persino parte del tesoro della famiglia reale e della famosa collezione rudolfina venne rinvenuto ancora intatto in numerosi grandi carri.

Lo stesso Massimiliano di Baviera si prese i migliori animali dalle scuderie reali e se li portò a Monaco. Grandi feste si aprirono nelle due capitali Vienna e Monaco. *Te deum* vennero a celebrare la grande vittoria. Dopo questa vittoria si diffuse in tutto l'impero la convinzione che la guerra fosse ormai finita. Ma l'inedito aspetto del re Federico palatino, così inetto nella difesa della sua nuova patria, ed invece ora così risoluto a non cedere, riportarono tutti alla realtà.

▲ **C. Bonaventura Conte di Bucquoy 1571-1621.** Di origine vallone, e al servizio spagnolo come il Tilly. A differenza del comandante dell'esercito della Lega cattolica, il Bucquoy derivava la sua esperienza militare completamente dal confuso teatro fiammingo. Era un generale impetuoso e molto coraggioso, ma dotato di una strategia convenzionale che non lo distingueva da altri colleghi della sua epoca. Alla moda olandese, evitava possibilmente le battaglie dirette, preferendo ad esse le schermaglie, le manovre e gli assedi. Rifiutando lo scontro con Thurn nella prima fase della guerra, rischiò di perderla, ma il suo modo di condurre la campagna successivamente vanificò tutto il vantaggio dei protestanti. Morì in battaglia combattendo contro il principe di Transilvania Bethlen Gabor a Neuhausel.

A Vienna si era portati a pensare che il giovane principe fosse completamente folle.

In Boemia resisteva oramai solo qualche piccola insignificante guarnigione. Il Palatinato superiore si era arreso senza sparare un colpo. La presa di Tabor e di città vicine da parte di Marradas costrinse Bethlen Gabor in ritirata inseguito nei suoi territori. Successivamente fu portato ad accettare un aggiustamento con l'imperatore rinunciando all'usurpato trono d'Ungheria in cambio di denaro e altre concessioni. La pace fu firmata il 26 gennaio 1622 a Nikolsburg. Negli stessi giorni un rilassato Ferdinando II rimasto vedovo pensò bene di rimaritarsi.

La sua scelta cadde su una principessa italiana Eleonora Gonzaga che sposò per procura il giorno 16 gennaio 1622; da Mantova raggiunse poi l'augusto marito a Innsbruck.

Intanto l'esercito della lega capitanato dal Tilly iniziava la marcia verso il Palatinato inferiore.

A questo punto l'invito Mansfeld si vide asse-gnare il comando delle truppe ribelli da Federico Palatino. Con queste, abbandonato Pilsen, si spostò verso ovest compiendo lungo il cammino gli usuali e sistematici saccheggi, incendi e spoliazioni col suo mercenario e mal pagato esercito. Giunto nel Palatinato inferiore riuscì con i nuovi fondi a reclutare una forza pari a circa 20.000 uomini, vale a dire il doppio dell'armata con la quale era fuggito da Pilsen.

Il Mansfeld era considerato un soldato molto portato agli stratagemmi ed espedienti per cavarsela in ogni modo ed in ogni luogo.

Fu anche un innovatore in diversi aspetti militari: mise a punto un cannone da campagna più agile e leggero, fu tra i primi ad utilizzare soldati armati di moschetto a cavallo, quelli che saranno poi famosi con il nome di dragoni, utilizzandoli per le usuali manovre colpisci e fuggi.

Nel frattempo nelle fila protestanti fecero la loro comparsa due nuovi alleati. Si trattava del Duca Cristiano di Brunswick, signore del vesco-

AMBROGIO SPINOLA 1569-1630

Un condottiero Genovese al servizio della Spagna

Ambrogio di Filippo Spinola nasce da nobile famiglia a Genova nel 1569.

All'epoca dei fatti, divide quindi con Tilly l'età più matura per un generale, oltre alla fama di glorioso ed invitto soldato.

Insieme comandante militare e uomo politico combatté per la Spagna nelle lunghe guerre contro i Paesi Bassi.

Nel 1602 finanziò un esercito di 9.000 uomini e, dopo aver tenuto in stato di assedio Ostenda per più di un anno, nel 1604 riuscì a sconfiggere il comandante olandese Maurizio di Nassau. Nominato comandante generale delle armate spagnole e vice governatore dei Paesi Bassi, cercò senza successo altri finanziamenti per continuare la campagna militare, impegnando il suo stesso patrimonio (anticipando in ciò uno stile organizzativo che verrà esaltato dal Wallenstein), ma nel 1609 dovette negoziare con le Province unite una tregua di dodici anni.

Nel 1621 mancando un accordo si ripresero le ostilità, e Spinola, di nuovo al comando delle truppe, conquistò la fortezza di Breda (1625), con una famosa offensiva militare poi celebrata nel dipinto *Las lanzas* del grande pittore spagnolo Velázquez. In seguito, le sue ambizioni politiche si scontrarono con l'opposizione del conte-duca di Olivares, nuovo primo ministro e favorito del sovrano spagnolo Filippo IV.

Spinola venne allora nominato governatore di Milano (1629-1630) e prese parte alla guerra contro la Francia (1628-1630) per la successione nel Monferrato, che si concluse con un'onorevole tregua e la liberazione di Casale. Morirà a Castelnuovo Scrivia vicino ad Alessandria.

vato protestante di Halberstadt, e del margravio Giorgio Federico di Baden-Durlach.

In campo asburgico resta da segnalare il disimpegno personale del Generale genovese Ambrogio Spinola che dopo aver condotto le sue truppe ad occupare il nord del Palatinato inferiore, costretto i vari principi protestanti della zona: Maurizio di Assia-Kassel, il duca Federico del Württemberg ed il duca del Brandeburgo ad accordi di pace con l'imperatore, tornava pieno di glorie ed onori a Bruxelles. Qui, nel frattempo, usciva di scena l'arciduca Alberto che si spense il 13 luglio del 1621. Contemporaneamente stava terminando la tregua olandese dei dodici anni, ed era quindi opportuno che un tale valente generale fosse pronto all'azione e a riprendere le armi contro i ribelli dei paesi bassi. Spinola, ritirandosi, lasciava il comando al suo secondo: il generale spagnolo Don Gonsalvo Fernandez de Cordoba y Figueroa Duca di Sesa. Questi, discendente del grande omonimo Gonsalvo de Cordoba detto il "gran capitano", era un valente ed esperto comandante dotato però di poca iniziativa.

Si metterà comunque in luce nella campagna del 1622, soprattutto nelle tre battaglie di Wimpfen, Hochst e Fleurus.

Combinerà invece grandi pasticci nella successiva guerra di Mantova del 1628 e nelle successive campagne olandesi. Al momento, l'arrivo di Mansfeld lo costrinse a togliere l'assedio dalla città di Frankentall.

▲ La conquista della piazzaforte olandese di Breda da parte dello Spinola. Velázquez museo del Prado

CONTE ERNESTO MANSFELD II (1580-1626)

Il mercenario dei Savoia

Nasce nel 1580, figlio naturale e illegittimo del principe Pietro Ernesto di Mansfeld. Trascorre i suoi primi anni di vita nel palazzo del padre, nella città di Lussemburgo. Cominciò a raccogliere le prime esperienze in campo militare servendo sotto il fratellastro Karl (1543-1595), che, nell'esercito imperiale in Ungheria, svolgeva un ruolo di alto comando. Nel 1603, a soli 23 anni si è già segnalato nelle guerre ungheresi, al servizio del re Mattia, ma il suo irruente carattere, e la sua indole sregolata gli fanno perdere il favore di questi, a causa di duelli ed altri scandali.

L'ingratitudine del principe, reale o immaginaria, lo portò a passare al servizio dei nemici della casa di Asburgo. Nonostante rimanesse personalmente di fede cattolica, si allineò con i principi protestanti tedeschi, e allo scoppio della guerra dei trent'anni divenne uno dei maggiori condottieri delle loro armate.

Spostatosi nel Brabante, comanderà un reggimento di cavalleria, che presto si distinguerà per mancanza di disciplina, violenze e saccheggi, secondo uno schema che da lì in poi caratterizzerà lo stile guerriero di Mansfeld.

Passò quindi al servizio del principe Leopoldo per combattere i protestanti nello Julich.

Fatto prigioniero dagli avversari, non si fece scrupolo di passare al servizio degli stessi e combattere contro il suo primitivo esercito.

La religione per lui era un fatto men che secondario, e dopo essere stato sia cattolico che protestante, propendeva per una certa laicità di fondo. Quando il conflitto scoppiò nel 1618, fu inviato dal duca Carlo Emanuele I di Savoia a supporto dei ribelli boemi, alla testa di 2.000 uomini; fu in grado di catturare la città di Pilsen, ma fu sconfitto nella battaglia di Záblatí il 10 giugno del 1619. In seguito a questa sconfitta,

abbandonò il comando ed offrì i suoi servizi all'Imperatore Ferdinando II, rimanendo inattivo mentre le truppe dell'allora re di Boemia Federico V venivano scacciate dalla regione.

Infine fra infiniti cambi di alleanze trovò sulla sua strada un avversario quale il Wallenstein che lo attirerà in battaglia sconfiggendolo e costringendolo poi alla definitiva fuga in Dalmazia con pochissimi uomini. Morì vicino a Sarajevo, ed ancora oggi la sua morte è avvolta nel mistero e nella leggenda. Chi disse che fu avvelenato dai turchi, chi ricorda di averlo visto morire in piedi sorretto dai suoi luogotenenti, come conveniva ad un nobile soldato.

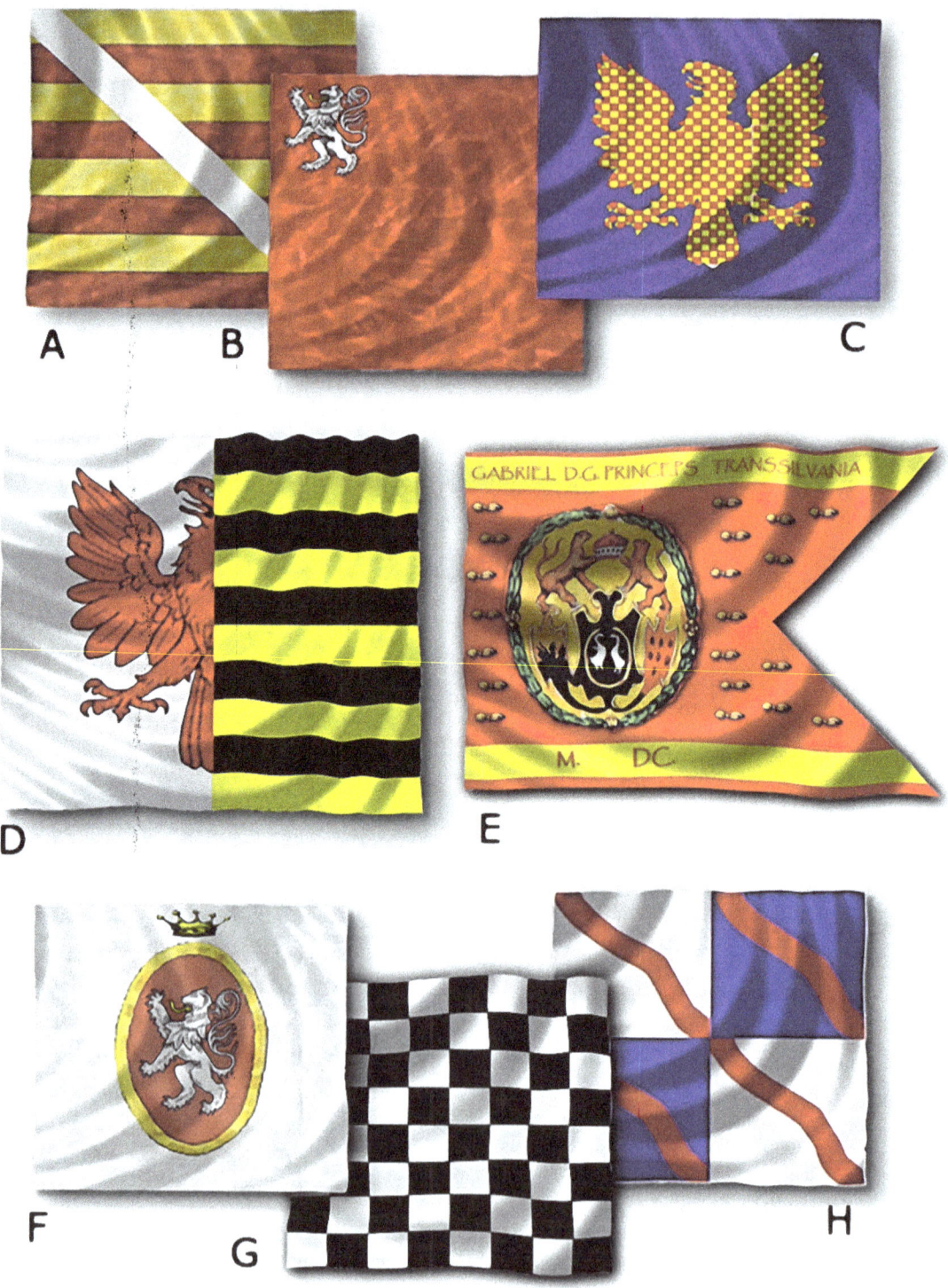

▲ *Bandiere Palatino Boeme: gli stendardi A e B sono di reggimenti Boemi non identificati. Lo stendardo C appartiene al reggimento Boemo Von Schlick, la bandiera D appartiene al reggimento Anhalt. La Cornetta E è del principe di Transilvania B.Gabor. Lo stendardo F è un nuovo stendardo reale boemo, La bandiera G è di un reggimento della Slesia mentre la bandiera H è propria del Palatinato.*

Theatrum Europaeum

Il Giornale del tempo…

In questo numero: La defenestrazione di Praga 23 Maggio 1606.

La Battaglia della Montagna Bianca 8 Novembre 1620. Le esecuzioni di Praga 22 Giugno 1621

LA DEFENESTRAZIONE DI PRAGA 23 MAGGIO 1606.

Testimonianza di Gualdo Priorato Galeazzo

Trovatasi all'ora l'Imperatore Mattia estremamente ammalato, che poi passò all'altra vita in Vienna, nel 1619. I congiurati Protestanti fecero un'assemblea nella gran Sala dell'Università Carolina fondata da Carlo Quarto Re di Boemia, e poi Imperatore. I loro Predi-

canti cantarono una canzone della sacra Scrittura, che a loro modo dava un falso entusiasmo a tal gente, per andar anche a testa bassa ad incontrar la morte. Indi deliberarono di far morire quei due loro più fieri, e duri nemici.

Non volevano però imbrattar le mani nel sangue nobile. Da questi due Regi Ministri nessuno di loro era stato volontariamente offeso; ma per odio della Religione, risolsero di precipitarli

▲ *La defenestrazione degli emissari imperiali dalla celebre sala del castello di Praga dipinto di Karel Svoboda.*

▲ *Guglielmo Slavata uno dei due ministri imperiali che subì la defenestrazione con il loro segretario Fabricius. Stampa coeva*

dalle finestre della Cancelleria, Cosi chiamasi il luogo dove si tiene a Palazzo il Consiglio Reale del Governo Vicario del Re.

L'appuntamento fu d'eseguire il loro intento nell'ora a punto, che il consiglio fosse congregato. Il Conte della Torre era il capo principale della congiura, come il più fiero nemico dei Cattolici. Circa le ore 9 della mattina, nelle *Rogationi* al tempo della processione ivi comparve la Nobiltà a Cavallo, con quanti Servitori poté mettere insieme armati tutti di bocche di fuoco. Il Conte della Torre scorreva nel mentre con un altra turba di sediziosi per le contrade.

Radunava e quietava il Popolo, per evitare il disturbo, ch'incontrar poteva l'impresa. Il giorno antecedente era penetrato a notizia dello Slavata, e di Martiniz qualche sentore di questo ordimento. Con intrepidezza rimarcabile, l'uno esortò l'altro a non cedere, ne salvarsi, ma sostenere fino all'ultimo respiro la convenienza della santa fede cattolica congiunta coll'indennità Regia.

Si presentarono i congiurati alla cancelleria. Spa-

lancate le porte, entrarono a gran folla. Si dichiararono non esser per usar violenza, che alli due soli Slavata e Martiniz da essi chiamati Cattolici Spagnoli. Il supremo Burgravio sorpreso dalla novità li esortò a fermarsi. Lo presero e lo condussero alla sua abitazione. Lo cinsero di guardie sotto pretesto di sicurezza. Slavata e Martiniz con franchezza d'animo grande dissero ai congiurati. *"Se altro che odio alla cattolica religione, e alla dovuta fedeltà a re nostro Signore vi eccita a questo procedere via fatti, vi protestiamo d'essere pronti a darvi ogni soddisfazione."* Risposero i congiurati: *"Voi due siete stati e siete li maggiori persecutori, e crudeli nemici della nostra religione, e della libertà della Patria. Avete dissuaso Cesare a concederci la Dieta. Dovete per tanto morire."* Replicarono quei due Signori, che almeno concedessero il confessore, per provvedere alla loro anima. Risposero ridendo ad alta voce: *"Vorreste che i vostri maledetti gesuiti venissero qua, no no non vi è più tempo."*

▲ *La celebre finestra della defenestrazione di Praga*

All'ora cinque di essi ribelli, tre Baroni di case riguardevoli, e due dell'ordine equestre, presero il di Martiniz, per essere più vicino alla finestra. Nel proferirsi da esso il *Maria Mater Gratia*, lo gettarono giù da un'altezza di 33 braccia, il cui fondo è tutto di pietra viva.

Dopo fecero lo stesso allo Slavata. Egli s'attaccò colle mani ad un ferro esistente fuori dalla finestra. I Ribelli con un pugnale gli percossero la mano. Così lui ancora piombò al basso.

Urtò col capo nel cornicione di Pietra, e di la prese l'empito, che lo fece sbalzare ancora più profondamente nel fosso.

Dopo uno di quelli che gettò il Martiniz disse: Vogliamo vedere se la Maria invocata da Giaroslao l'abbia aiutato.

Guardò in giù e vedendolo assettato gridò: " *Per Dio la sua Maria l'ha aiutato !*" S'ordinarono subito alcuni, che dalla gran sala, c'ha le finestre per verso quel fosso se gli scoccassero diverse archibugiate. Stimavano i congiurati esser lo Slavata già morto. In tal mentre il Secretario alemanno della Luogotenenza Filippo Fabricci, huomo ingenuo, esclamò dicendo: *"Eh qual procedere è il vostro contro questi innocenti Signori ?"*

A tal voce i Ribelli subito lo gettarono anche lui a basso: ma egli illeso, subito lasciato il cappello, e il ferrarolo corse senza l'uno e l'altro al fiume, ivi trovò comodità di passarlo, e senza indugio si trasferì a Vienna con tutta sollecitudine.

Due arcobuggiate colsero nel vestito del Martiniz, passando una palla per il collare, e l'altra per il ferraiolo, la terza però gli rasò un tantino la pelle nel braccio, che diede qualche goccia di sangue senza altra offesa.

Lo Slavata stava accolto nel mantello, non ardiva d'alzarsi per l'offesa del capo rotto nella cornice grondando di sangue. Il Martiniz prese un poco di balsamo solito tenere addosso per difendersi dall'Apoplessia. L'unse, gli asciugò la fronte bagnata dal sangue, e gli lo stagnò alquanto. Mentre stavano così recitando insieme *Commendationem*

▲ *Il lancio avvenne dalla finestre del secondo piano*

Anime, che si dice ai moribondi, comparve cola il Decano della terra di Smezza spettante al Martiniz con alcuni servitori. Lo avvisò che la principessa di Lobkoviz, aveva esposta una scala fuori dalla finestra, per poter lui con lo Slavata salvarsi nella di lei casa. Fu portato lo Slavata in su, però il Martiniz non sentendosi offeso ascese da sé.

La principessa li accolse con somma umanità da zelantissima verso la Fede Cattolica.

Lo Slavata aggravato assai del male fu portato a letto. Il Martiniz si ritirò in un'altra stanza, si pose egli ancora in letto facendo finta quasi fosse moribondo. Il Conte Della Torre voleva visitar quella casa, e cavar fuori quei signori precipitati non morti. La principessa, dama di cuore generoso, virile, e di grande autorità gli ricordò, ch'ella in quel medesimo palazzo l'aveva salvato dalle mani dell'Arciduca Leopoldo. Egli tralasciò d'oltraggiarla, e gli portò il dovuto rispetto. Pose però molte guardie all'introno della casa.

Il Martiniz fu visitato d'alcuni principali protestanti di lui simulati amici.

Se li mostrò quasi agonizzante, col che si liberò da loro, che cedettero non poter esso sopravvivere. Chiamato il suo confessore si racconciliò.

Indi si fece rader la barba e denigrare la faccia. Si vestì da garzone di stalla. Prese per finto suo padrone il mastro Tomasino Chirurgico ben conosciuto da tutti. Gli portava dietro i suoi strumenti, passò felicemente per tutte le guardie.

Arrivato alla sua casa, chiamò la moglie, che s'era ritirata appresso il Gran Burgravio suo padre. S'abboccò con essa brevemente. Gli ordinò di seguitarlo poscia con li figliuoli, prese seco qualche danaro. Esce di Praga e se ne passa in Baviera.

▲ *Immagine votiva di Slavata per ringraziamento alla Madonna che miracolosamente salvò lui e i suoi amici.*

Gualdo Priorato Galeazzo 1606-1678
Il corrispondente del tempo..

Uomo d'armi e storico. Fu testimone importante della sua epoca, grazie ad una fluente scrittura e ad una capacità impressionante di raccogliere i dati. All'inizio della sua carriera militare, fu con Maurizio di Nassau nelle Fiandre contro gli Spagnoli, poi con i Francesi e gli Inglesi, tornò poi di nuovo con il Principe di Nassau in Brasile a combattere i Portoghesi. Ancora, fu al servizio del Wallenstein contro gli Svedesi. Nel 1653 si fece naturalizzare francese. Ebbe ancora incarichi in Svezia e Danimarca e fu nominato storico di corte dall'Imperatore Leopoldo. Nel 1664 si ritirò a Vicenza, dove ebbe modo di scrivere numerose opere storiche.

LA BATTAGLIA DELLA MONTAGNA BIANCA 8 NOVEMBRE 1620

Rapporto dettagliato e veritiero sul grande combattimento principale (della Montagna Bianca) avvenuto nelle vicinanze di Praga, iniziato di mattino alle ore 8 e durato fino alle ore 4 del pomeriggio".
Archivio HHSA Wien,

Dopo che l'armata boema sabato 7 di novembre, aveva lasciato la città di Roekhewitz, i signori generali boemi dovendosi ritirare nelle vicinanze di Praga, presero una risoluzione finale, decidendo che l'intera armada si riunisse sulla Montagna Bianca, per presentarsi così alla fanteria imperiale bavarese, allorché questa li avesse inseguiti, per dargli battaglia, e che, semmai contrariamente alle previsioni la controparte avesse avuto il sopravvento, si ritirasse nella trincea appena costruita sul Retschin per difendersi poi da lì fino all'ultimo sangue.

Quando poi domenica 8 questo si era trovato sulla Montagna Bianca, visto che si era marciato per tutta la notte e tutti erano affaticati, i generali dettero l'ordine che in questo luogo riposassero, per riguardarsi un poco di giorno, e nonostante le informazioni sul nemico in quella mattinata di domenica lo riferissero ancora distante due miglia, questi all'alba si trovò già da loro, facendo avanzare a passo di marcia accelerata un reggimento di 1000 cosacchi sulla sinistra nella valle: così di primo mattino alle 8 si trovarono dirimpetto all'armata boema e la parte restante della fanteria in piena formazione di battaglia immediatamente alle spalle, e si videro attaccati improvvisamente e con molta furia da ambo i lati, in quanto poi gli ungheresi, che saranno stati all'incirca 9000, poco dopo si sarebbero dati con grande disordine alla fuga, battendo in ritirata con la loro ricca preda.

In seguito il reggimento di Thurn, sotto il comando del giovane conte, accanto alla cavalleria con 1000 cavalli del maggiore Von Stuben, combat-té per primo, difendendosi coraggiosamente, e poiché però era stato attaccato improvvisamente e con grande disordine, (il reggimento) non era ancora perfettamente schierato; riuscirono a fuggire circa 150 soldati a piedi ed appena 200 cavalieri. Così si dice anche del reggimento del Von Hollach con i suoi 1000 cavalli in altro combattimento, in cui pare vi siano stati non più di 3-400 superstiti, e malgrado poi tutta la restante armada boema, fra cui anche il reggimento moravo al comando del signore Heinrich Schlicken, il reggimento dell'Austria Inferiore, ai comandi del maggiore von Hoffkirchen, e poi i 5 alfieri superstiti del reggimento di Solm, ai comandi del tenente maggiore Gabriel Behmann, si fosse rifugiata nelle trincee precedentemente costruite verso le ore 11 del mattino, e ritirata in parte anche nel padiglione reale, nel giardino delle stelle e nel giardino zoologico, tutto ciò avvenne con grande disordine, e giacché la fanteria bavarese e imperiale li inseguiva, non poteva schierarsi ordinatamente e, non potendo in tal modo difendersi, venne interamente accerchiata ed i più vennero uccisi, cosicché, stando alle prime notizie, sul campo di battaglia rimasero 17.000 boemi e 7.000 imperiali.

Si dice che il reggimento moravo abbia subito grandi perdite, e pare che soltanto pochi siano riusciti a fuggire, così come cadde anche il colonnello conte Heinrich Schlick; venne decimata anche la compagnia al comando del re, tanto la cavalleria quanto la fanteria ed inoltre tutti coloro che indossavano armatura lucida, ad eccezione di alcuni a fianco dei signori di Wallersheim, capitani di cavalleria, e di un capitano, e di uno di Wonuhauen.

Fra le persone di rango, si dice siano stati uccisi il duca Wilhelm von Sachsen Weimar, il figlio primogenito del duca Cristiano von Anhalt, il capitano Kehraus, il capitano Pabst e poi molti altri capitani di cavalleria e molti ufficiali, di cui non si possono ancora conoscere i nomi, e il combattimento è durato dal mattino alle ore 8 fino al pomeriggio alle ore 16.

Pare che inizialmente avessero anche il principe Cristiano von Anhalt ed il maggiore von Hollach, che però si diressero in tempo al castello reale, chiedendo al re di mandare un corriere presso il duca di Baviera per ottenere soltanto 24 ore di tempo di riflessione non ottenendo però nulla. Per quanto il corriere fosse stato pregato insistentemente di non rivelare il titolo reale al suo superiore, identificandosi all'occorrenza al servizio di un conte palatino, vennero concesse soltanto 8 ore di tempo, entro le quali avrebbe dovuto dichiarare o meno la resa, e la rinuncia perenne ad ogni pretesa.

Di tutta risposta il re non si pronunciò in nessuna maniera, fuggendo assieme alla regina ed una donna sui loro palafreni inglesi.

Furono seguiti dal conte von Thurn, dal conte von Hollach e dal signore di Ruppau nella fuga verso Costelin, da lì poi pare avessero intenzione di dirigersi verso Pressel, e nonostante un gran numero di colonnelli, capitani ed altri comandanti, che avevano lasciato le loro truppe, avessero dato ordine ai loro soldati di ritrovarsi a Brandeig per quivi attender altri ordini, e malgrado i soldati vi si fossero effettivamente recati in gran numero, non si presentò nessuno dei colonnelli, e furono i capitani a raccomandare che ognuno salvasse la propria vita come meglio poteva, perché il re non era più al potere, e quasi tutti erano stati dispersi.

▲ *La battaglia della Montagna Bianca in una celebre incisione del merian. Collezione dell'autore*

Ricordo della cattura del principe Cristiano di Anhalt il giovane alla Montagna Bianca, scritta dal medesimo.

Wiener Neustadt, 2 ottobre 1621. dal libro Monumenta Bohemica

L'8 novembre 1620, alla battaglia di Praga, dopo essere stato ferito due volte ed aver avuto abbattuto il mio cavallo, sono caduto, insieme ad un mio gentiluomo, il signore di Hallwyl, nelle mani di don Guglielmo Verdugo, capo di un reggimento vallone al servizio del re di Spagna, in questo modo. Marciando a piedi in campagna, io alla destra, il gentiluomo alla mia sinistra, incontriamo il suddetto comandante a cavallo, che puntava diritto su di noi avendo accanto alla sinistra un cavaliere di Malta, di nome Monsieur Drueil, francese. Così, dunque, il cavaliere mi domanda: *"Siete francesi?"* Io dico di no, e come feci per estrarre la spada, non potendola sguainare da me stesso a causa della ferita, ma la prese lui e la diede al suddetto comandante, il quale a sua volta mi domandò di quale provincia fossi; io dico: *"Della Pomerania"*, dicendo a tutti e due di essere un capitano. Il signor Verdugo ci affida in guardia ad un soldato tedesco, della compagnia del capitano Ulft, per condurci prigionieri, desiderando che lo facesse il cavaliere: ma per l'orrore della battaglia costui non aveva intenzione di dilettarsi con prigioni, tanto più che non mi conosceva se non come semplice capitano.

Gli domando anche un cavallo, ma mi dice: *"Bisogna marciare"*, e giustamente viene appunto il suddetto soldato tedesco che ci mena verso gli acquartieramenti, con gran pericolo e difficoltà. Il giorno dopo, essendo stato riconosciuto dal signor conte di Bucquoy e da quelli del suo seguito, fui condotto nella tenda del suddetto don Verdugo e sono stato, da quel momento in poi, sempre suo prigioniero e tenuto per tale fino al 28 maggio 1621 quando avendo Sua Maestà imperiale soddisfatto il detto comandante.

▲ *Il generale Guglielmo Verdugo citato dal giovane Cristiano Anhalt. Incisione di M.Merian da Theatrum Europaeum collezione dell'autore.*

Io non sono obbligato ad altri che a Sua Maestà imperiale. Il biglietto che ho dato al predetto cavaliere, in Brunn, l'ho scritto solamente per testimoniare come si sia trovato alla mia cattura e, avendomi reso cortesie e buoni offici, non gli ho voluto rifiutare una così giusta richiesta, stimando che il comandante di campo non sarebbe che molto contento di avere così brave genti con lui, ad accrescimento della sua gloria. Ecco ciò che ho voluto dare per testimonianza al signor colonnello Verdugo, del quale sono stato prigioniero.

PRAGA: LE ESECUZIONI DEL 1621

La straordinaria e severa punizione a carico dei "caporioni" era nell'aria. Ciononostante quasi tutti i responsabili erano rimasti a Praga fidando nel perdono imperiale o al massimo in piccole pene sopportabili. Il 6 febbraio l'imperatore mandò al nuovo governatore della Boemia il principe di Liechtenstein una lista di personaggi da far mettere sotto catene: oltre ai direttori altre 32 persone. Molte, le più prudenti, erano però fuggite da tempo.

Molti dei convocati tuttavia si presentarono ignari del loro destino, nonostante fossero stati messi sull'avviso, pare addirittura dal Tilly. Spaventati ed increduli, gli sciagurati vennero subito incarcerati e si procedette a costituire un tribunale speciale imperiale (non boemo poiché difficilmente avrebbe accettato le pesanti condanne poi inflitte). Ai giudici non fu necessario portare prove, e furono invitati ad una procedura veloce. Tutti gli accusati ricevettero un memoriale con

138 domande alle quali dovevano rispondere.

Il 15 marzo vennero emesse le sentenze ed inviate per la firma a Vienna: tutti subirono la confisca dei propri beni e 27 furono condannati alla pena capitale, in alcuni casi da eseguirsi con particolare crudeltà. Il consiglio di stato di Vienna, pure allarmato dalla pesantezza delle condanne riuscii quantomeno a ratificare le esecuzioni previste per squartamento, che difatti non venne applicata a nessuno. A pochissimi fu condonata la pena di morte. È la sera del 21 di giugno del 1621.

La Piazza della Città Vecchia, di una calda serata estiva, è quasi deserta. C'è il coprifuoco. Le case sono chiuse, sbarrate. Ronde di soldataglia pattugliano strade e piazze vuote.

Ad un certo punto si avvicinano una fila di carri pesanti. Non si fermano alla dogana. Sono carichi di assi, e sono attesi. Scaricano nel centro della piazza del mercato. I carpentieri cominciano a lavorare di ascia e di sega.

Alla luce delle torce, ora che si sta avvicinando la notte, nel silenzio si sente il battito dei loro

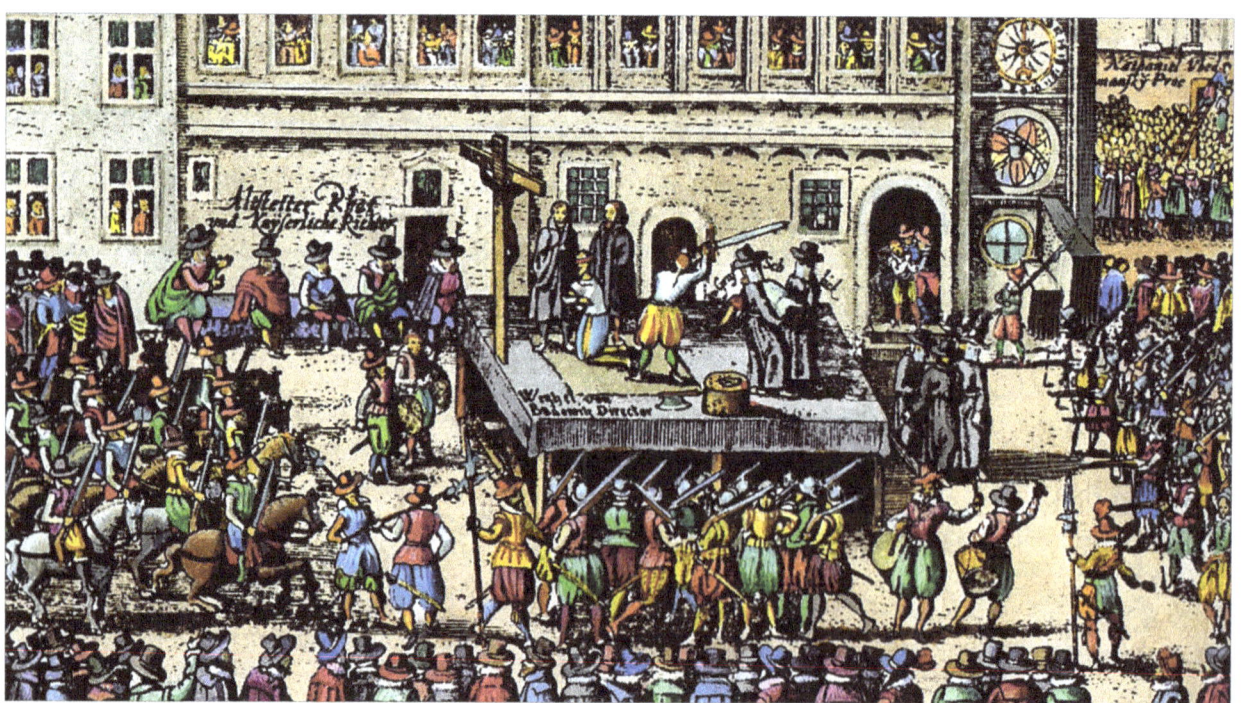

▲ *Le esecuzioni di Praga. 21 giugno 1621. Incisione coeva*

martelli. Per l'alba, il grande palco delle esecuzioni era pronto. Alto e grande, recintato da una ringhiera di legno, con un ponticello che lo univa a un balcone del Municipio, tutto ricoperto sino a terra da un lugubre drappo nero.

Alle cinque del mattino, alla prima luce dell'alba, un aiutante del boia, mascherato e con indosso un mantello nero, piantava un crocifisso a fianco al ceppo del boia: uno studente in medicina, tale Jan Mydlar. Tre compagnie di fanteria tenevano lontana la folla. Le esecuzioni cominciano al rullare dei tamburi, e al risuonare delle trombe, che coprono le grida dei condannati.

Sotto l'impalcatura, sono già pronte le bare.

In abito nero, funzionari cattolici e dottori in legge siedono al balcone del Municipio.

Alcuni di loro hanno il compito di chiamare e accompagnare i condannati al palco.

Le esecuzioni durano in tutto 45 minuti, quattro spade ci vogliono al boia, che non sbaglia un colpo. 24 teste rotolano sul palco di legno coperto di sabbia. Tre vengono impiccati perché rei di diverso crimine. Tutto avviene secondo i dettami stabiliti dai vincitori della Lega Cattolica, e del gesuita imperatore Ferdinando II, che odia e detesta l'empia, eretica, ribelle città sconfitta.

Tra loro, grandi nobili del regno, e anche grandi borghesi della città, che non sono fuggiti come molti altri hanno fatto. Il più vecchio, Kaplir di Sulevice, ha novant'anni. Budov, signore di Budov, ha una lunga barba grigia che tradisce l'età veneranda. Il più giovane, Jan Kutnaur, non ha ancora quarant'anni, si avvicina al boia cantando. Alcuni fra di loro, i più sfortunati, subiscono crudeli angherie prima della decapitazione.

A Schlick e ad altri tre viene mozzata la mano destra, prima del colpo finale.

Al dottor Johannes Jessenius, rettore dell'Università di Carlo, viene mozzata la lingua.

Dirà il cronista: *"Penosa era a vedersi la bocca insanguinata, in cui la lingua cionca anelava di parlare..."*.

Era dal tempo di Huss, primo rettore bruciato al rogo come eretico, a Costanza, e martire d'una causa che conquista l'anima di Praga e della Boemia, che i cattolici vogliono tagliare quella lingua. Ora che ci sono riusciti, faranno di più.

Il cadavere di Jessenius, senza testa, non viene messo nella bara, ma portato in una piazza vicina e squartato, i pezzi infilzati su pali.

Il boia Mydlar, finite le esecuzioni, raccolse in bigonci di ferro le teste di 12 decapitati, e con gli aiuti le portò al ponte di pietra, che noi chiamiamo di Carlo, per esporle sul cornicione della Torre della città vecchia.

Altre sei le mise di fronte a Mala Strana, sei di fronte alla chiesa cattolica del San Salvatore.

Sulla testa del rettore Jessenius pose la sua lingua. Le altre teste rimasero, sospese, nei bigonci di ferro, sulla piazza.

Ci rimasero per dieci, lunghissimi, pesantissimi anni, finché geli e soli non le ridussero a teschi.

Quello del conte Schlick fu ridato l'anno dopo, alla famiglia che lo richiedeva.

Gli altri furono tirati giù dalla piazza solo nel 1631, quando i boemi che erano emigrati, e che s'erano messi con i Sassoni, protestanti, riuscirono a rientrare a Praga.

Gli fecero un funerale, grandioso e commosso, e li misero nella chiesa di Tyn, nella piazza stessa.

Ci fu però chi disse che quelle povere teste senza requie erano state portate, segretamente, alla chiesa cattolica del Salvatore.

Da qui fu un fiorire della leggenda che ogni anno, il giorno dell'esecuzione, lasciavano le loro tombe, e venivano in Piazza Vecchia, a veder l'orologio di mastro Hanus. Praga eretica, Praga ribelle, con la bolla del 9 luglio 1609, del suo re saturnino Rodolfo II, amante di cabale e di stregonerie più che di religioni rivelate, aveva ottenuto una buona libertà religiosa.

Ma poi, tre anni dopo, nel 1612 Rodolfo abdicava e lasciava il posto al fratello Mattia, che riportava a Vienna la capitale dell'Impero.

Protestanti, evangelici e ultraquisti della Praga

spodestata fremevano. Il 23 maggio 1618 un gruppo, deciso, andò al Castello. Ebbe uno scontro con i due luogotenenti cattolici dell'imperatore che furono defenestrati.

Nacque un "Governo degli Stati" appoggiato dal Conte di Mansfeld, capitano di ventura di Carlo Emanuele di Savoia, e capeggiato dal conte di Thurn. Il Papa, gli Spagnoli e la Lega Cattolica e della Sassonia Luterana avranno ragione di questa rivolta quando Tilly, a capo dell'esercito della Lega, sconfisse pesantemente i Boemi alla Montagna Bianca. E l'esecuzione della Piazza Vecchia rappresentò purtroppo solo l'inizio.

I vincitori cattolici istituirono un tribunale che emanò innumerevoli condanne a morte a Praga e nel resto del paese, espropriando due terzi delle terre dei nobili, infliggendo gabelle pesantissime alla borghesia boema, che in gran parte fuggì.

Praga fu germanizzata e ricattolicizzata forzatamente. Ci furono almeno centocinquantamila profughi. Arrivarono allora i Gesuiti, che si presero tutte le chiese, e l'Università.

Per Praga fu una rapidissima, orribile decadenza.

▲ *L'assedio di Bautzen in Lusazia del 13 settembre - 5 ottobre 1620, fu l'aiuto sassone all'imperatore contro i ribelli boemi. Incisione di M.Merian (Collezione privata)*

CAPITOLO 3

LA FASE PALATINO-TEDESCA
(1621-1625)

LA CAMPAGNA DEL 1622

Federico oramai messo al bando dall'Imperatore, che di lì a poco lo priverà anche del seggio elettorale a favore del "pesante" alleato Massimiliano di Baviera, non aveva oramai nulla da perdere se non continuare la lotta; tale era la sua disperata posizione e la ben nota sete di vendetta degli Asburgo.

Quindi le sue speranze di riscatto si basavano ora su tre eserciti distinti che operavano nella campagna del ovest tedesco: Mansfeld, che con arruolamenti a tappeto, fra protestanti svizzeri e francesi mise insieme un'armata di circa 40.000 uomini; Giorgio del Baden con un contingente di circa 12.000 uomini; un terzo esercito, quello di Cristiano di Brunswick, composto da circa 20.000 uomini. Sulla carta un esercito temibile. Se poi si considerano la delicata posizione degli spagnoli che dovevano vigilare attentamente la frontiera olandese, e la posizione di osservatore

▲ *Hortus Palatinus. Il castello di Heidelberg, la magnifica residenza di Federico V. Tela di V.J.Fouquières*

▲ *Le ronde imperiali padrone delle strade di Praga dopo la fuga del Re Federico palatino. Tavola dell'autore*

interessato del re inglese Giacomo I, il re d'inverno poteva nutrire, e con lui tutti i protestanti, qualche ragionevole speranza di riscatto.

Con queste prospettive, terminati i quartieri invernali si ripresero le ostilità nel marzo del 1622. Mansfeld riunito al corpo del Baden recuperò le città di Sigherheim, Landeburg e altre.

Il 30 marzo lo stesso Mansfeld inviò alcuni squadroni di cavalleria nella doppia missione di ricognizione e di approvvigionamento al comando del generale Streiff.

Questi sorpresero alcune compagnie di cavalieri del Tilly che tuttavia seppero reagire all'assalto, procurando pesanti perdite al nemico.

Tilly inviò quindi rinforzi al settore sotto la guida di Pappenheim e nella giornata del 4 aprile, questi sorprese le truppe dello Streiff nel villaggio di Weingarten costringendole ad una fuga repentina verso le proprie linee.

In aprile, ad animare le proprie truppe, ricomparve proveniente dall'Aia dietro abile travestimento il Re Federico accolto con entusiasmo dagli uomini di Mansfeld e di Baden.

Insieme passarono il Reno con gran parte delle truppe interponendosi fra il Tilly ed i suoi 15.000 uomini e gli alleati spagnoli. Il 27 aprile, l'esercito della lega era sistemato in posizione favorevole su basse colline vicino a Wiesloch.

I protestanti potevano vantare un maggior numero di uomini, circa 18.000, controbilanciati però dalla migliore qualità dei veterani del Tilly. Mansfeld però non intendeva arrischiare un assalto; per contro Tilly non voleva cedere le proprie vantaggiose posizioni sulle alture ed aspettava nervosamente segnali del suo alleato Cordova. Queste prudenti visioni (l'audacia di Gustavo Adolfo avrebbe presto cambiato questa pigra tattica) tennero fermi i due eserciti, finché intervenne una pesante pioggia che appesantì il terreno. Questo fatto, insieme con la posizione anomala dell'esercito protestante: parte di qua, e parte di là dal fiume, uniti da un solo piccolo

▲ *Giorgio Federico Margravio di Baden Durlach 1573-1630*

ponte, come a raffigurare una clessidra, spinsero Tilly a tentare di tagliare la via alla retroguardia avversaria. Assalite da truppe superiori, i protestanti stavano cedendo terreno e uomini.

Mansfeld mandò rinforzi oltre il ponte e cannoneggiò la riva opposta. Tilly si tolse dal raggio dell'artiglieria operando un'inutile ritirata.

A questo punto Mansfeld tentò il contrattacco. Grazie ad un'abile imboscata favorita sia dal fumo che dalla pioggia insistente, assalì con fortuna le truppe della lega, che dopo breve resistenza, prima ruppero gli schieramenti e poi si ritirarono in disordine lasciando pesanti perdite sul terreno. Persino Tilly venne ferito, gli riuscì però di coprire il ripiegamento.

Finalmente le armi di Federico potevano vantare una vittoria significativa costata 2.000 perdite ai cattolici, insieme a 4 cannoni, 8 bandiere ed alcuni validi ufficiali prigionieri.

L'iniziativa era ora stabilmente nelle mani del Conte Ernesto di Mansfeld.

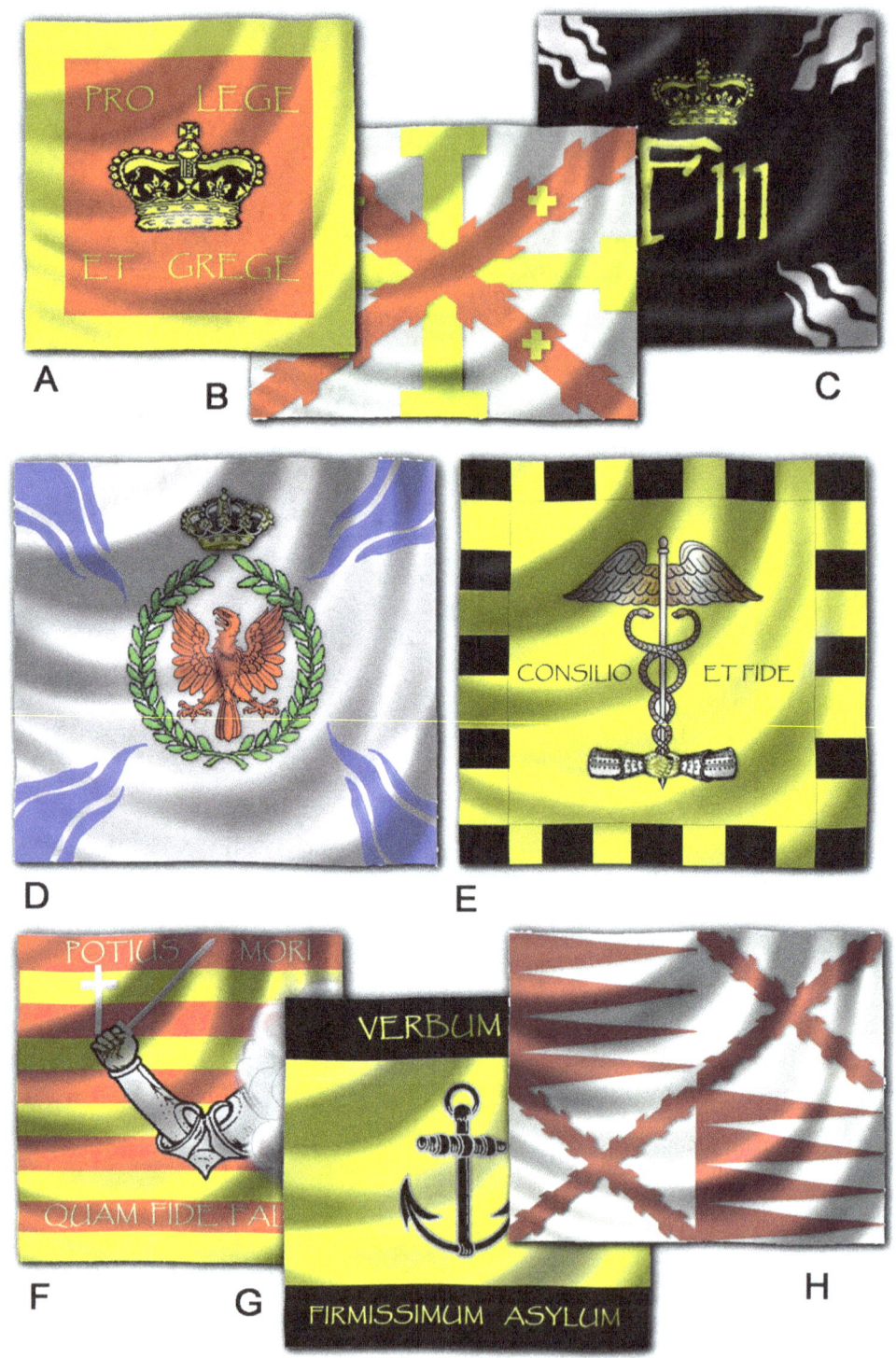

▲ *Stendardi e bandiere di Sassonia, Brandeburgo e Lorena: A,F bandiere Sassonia reggimento di fanteria J.M.Von Schwalbach, E,G bandiere Sassonia reggimento di fanteria Oberst Von Starschedl, B stendardo del Duca di Lorena. C Bandiera Brandeburgo Reggimento Dargitz (Ferdinando III d'Austria). D bandiera Brandeburgo Leib company Burgsdorf. H bandiera imperiale del reggimento Borgogna. Tavola dell'autore.*

LA SCONFITTA DI WIMPFEN

I comandanti protestanti erano in ansiosa attesa anche di Cristiano di Brunswick che recava con sé oltre a utili rinforzi, un grande bottino assolutamente necessario per potere pagare le truppe mercenarie del Mansfeld.

Il Re di Boemia, Federico si stava arrampicando sui vetri per far fronte a questo enorme problema finanziario. Cercava denaro in tutti i modi, alcuni assai poco nobili. Estorceva ingenti somme grazie a minacciose lettere che faceva pervenire a villaggi e a parrocchie cattoliche.

Si trattava di lettere bruciacchiate ai quattro angoli con le scritte "fuoco e sangue" a chiaro messaggio intimidatorio. Saccheggiava dalle chiese ornamenti e reliquie in metallo prezioso per ricavare le monete con la sua effige e la scritta: *"Amico di Dio, nemico dei poveri"*.

Fatti, questi, che gli valsero l'attribuzione di bestemmiatore blasfemo. Tilly alla fine si dimostrò tuttavia un migliore stratega dei suoi diretti avversari, ed a maggio gli era riuscito il collegamento con l'alleato spagnolo. Prima dell'incontro Tilly riuscì ad occupare la testa di ponte di Wimpfen sul fiume Neckar. Ancora una volta Mansfeld ritenne inattaccabile la forte posizione del nemico e rimase fermo sulle sue.

Ad un certo punto i due comandanti protestanti presero la stramba decisione di affrontare un nemico a testa: Baden contro Tilly, Mansfeld contro Cordoba. Questa tattica apparve subito una scelta suicida ai due esperti comandanti imperiali, che risolutamente decisero di attaccare immediatamente il campo tenuta dal Margravio del Baden. L'esercito cattolico-spagnolo riunito era formato da 13.000 fanti e 5.000 cavalieri con un supporto di 10 cannoni. La fanteria imperiale era di ottimo livello, alcune truppe come il tercio di Napoli erano l'élite dell'esercito imperiale. La cavalleria non lo era altrettanto, composta come era da un numero eccessivo di nuove reclute.

▲ *La battaglia di Wimpfen del 6 maggio 1622*

Gli spagnoli ottennero l'onore di vedersi piazzare alla destra dello schieramento. L'armata protestante che doveva sostenere il pesante attacco imperiale era posta al comando di Giorgio Federico di Baden, e contava su 10.000 fanti, 3.000 cavalieri e 10 cannoni.

Si trattava di un buon esercito, ben pagato ed equipaggiato, ma inesperto ed alla prima vera prova del fuoco. Il margravio si dispose ovviamente in difesa, visto il differenziale delle truppe. Utilizzò a tale scopo 80 carri alla maniera che molti anni dopo i boeri olandesi utilizzarono per difendersi dagli attacchi degli zulù.

Vale a dire in un semicerchio di due chilometri disposti su un buon poggio a costruire una valida trincea difensiva con alle spalle un affluente del Neckar il fiumiciattolo Bollinger.

La posizione era effettivamente forte e dietro la linea dei carri si disposero molti moschettieri ed i formidabili cannoni del margravio.

La cavalleria era, nelle intenzioni del Baden, l'arma che avrebbe risolto la giornata insieme al contrattacco dei fanti lasciati in riserva.

L'artiglieria cattolica si pose sulle alture prospicienti. L'armata imperiale non aveva fretta di iniziare e si prese il tempo per una sana messa mattutina ed una colazione per le truppe.

Seguirono un paio d'ore di scambi di colpi: moschettate e palle di cannone che causarono qualche vittima. Verso le 11.00 fu la volta del Tilly che volle saggiare le difese avversarie, seguito subito dal Cordova. Questo primo assaggio venne salutato da cannonate ben dirette che provocarono un primo ritiro delle truppe.

Nelle file spagnole inoltre si diffuse la voce, rivelatasi poi infondata, che le truppe di Mansfeld stavano giungendo sul campo di battaglia. Questo fatto provocò una momentanea sospensione delle ostilità sul fronte destro dello schieramento imperiale. Appurato poi che i mercenari di Mansfeld erano ad almeno 50 chilometri di distanza, tornò la calma fra gli ispanici e la costernazione fra i protestanti.

Il compassato Tilly decise quindi di prendersi un break per il pasto, invitando le sue truppe a banchettare con tranquillità dietro le brughiere nascoste alla vista degli avversari.

Lo spazientito margravio volle a questo punto tentare una sortita che snidasse i provocanti soldati nemici. Inviò cavalleria e moschettieri che al comando dei giovani Guglielmo e Bernardo Sassonia Weimar, assalirono per ben due volte i veterani spagnoli senza successo.

Alle 14 gli imperiali tentarono un secondo colpo risolutivo, ma pochi minuti dopo dovettero invece sostenere la pesante carica di 3.000 cavalieri avversari. Baden ebbe qui il suo momento migliore. La carica stavolta diretta contro gli uomini del Tilly sulle prime ebbe un certo successo. Molte formazioni della lega sbandarono e ruppero. Ma gli spagnoli, cd in primis il loro corpo d'élite, il famoso tercio di Napoli, balzò in coordinato contrattacco insieme con i corazzieri contro la linea difensiva dei carriaggi nemici. L'armata del margravio si trovò in poco tempo in gravi difficoltà, con la cavalleria che si era spinta un po' fuori dal fronte principale alle prese con la cattura dei cannoni del Tilly, che però non seppero riutilizzare a loro vantaggio. Una gran confusione regnava oramai sul campo di battaglia dove pesanti nuvole di fumo si levavano; alcune di esse a disegnare strane figure come quella leggendaria descritta da soldati spagnoli che "videro" una donna vestita di bianco sopra le proprie teste, e credendo al miracolo, urlarono: "Vittoria, vittoria!". Comunque fra cariche e contro cariche alla fine gli imperiali riuscirono in questa strana battaglia a piegare le truppe di Giorgio Federico di Baden-Durlach.

Alle 21 la battaglia finalmente cessò. I protestanti abbandonarono il campo lasciando tutti i loro dieci cannoni, insieme a 10 bandiere e tutti i carri con il tesoro di 100.000 talleri!

Le perdite furono 2.000 con 1.500 prigionieri fra i protestanti. Gli imperiali lamentarono 600 caduti e 1.200 feriti. Due terzi dell'armata del

▲ *Picchieri e artigliere (2) imperiali alla battaglia di Wimpfen. Tavola dell'autore*

▲ *Soldati dell'armata protestante nella fase finale della campagna del 1622. Tavola dell'autore*

Baden ebbero tuttavia la fortuna di sfuggire e di ricongiungersi, in pietose condizioni con il Mansfeld, il quale riuscì ad utilizzarne soltanto pochi di loro, sbandarono intutti gli altri e con loro uscì completamente di scena anche il povero margravio del Baden.

Disposizioni iniziali alla battaglia di Wimpfen.

Truppe imperiali: a sinistra le truppe della Lega del Tilly così disposte:

Fanteria:

7=Regg. Schmidt (Baviera): 1800 uomini.

6=Regg. Herliberg (Baviera): 600, Mortaigne: 1400, Haimhausen (Baviera) 1800, Anholt:600, Herbersdorf: 1200, Furstenberg e Hohezollern (sud Germania) 1400.

Cavalleria:

5= Neu Herbersdorf:archibugieri a cavallo (600).

8= Alt Herbersdorf: corazzieri (400).

9= Maestro: corazzieri veterani su due for.(1200).

10=Hynatten e Herzelles: corazzieri (550) da Colonia e Wurzburg. Più qualche centinaia di croati a cavallo con compiti di disturbo e schermaglia.

Artiglieria: 4 pezzi pesanti e due leggeri.

Totale: 9000 fanti, 2900 cavalieri e 6 cannoni.

A destra le truppe spagnole del Cordoba così disposte: Fanteria:

1=Tercio Napoli (veterani italo-spagnoli): 1400.

2=Tercio Emden (nord Germania): 1400.

3=Tercio Bauer (Germania): 1200 Cavalleria:

4=10 squadroni vari di corazzieri e archibugieri a cavallo (2200)

Artiglieria: 2 pezzi pesanti e due leggeri. **Totale**: 4000 fanti, 2200 cavalieri e 4 cannoni.

Totale forze imperiali: 13.000 fanti, 5.100 cavalieri e 10 cannoni per complessivi 18.100 uomini.

Truppe di Giorgio Federico Margravio di Baden-Durlach:

Fanteria:

A=Goldstein 2000 uomini. B=Sax Weimar 2000. C=Baden 2000. D=Württemberg 1600. E=Helmstadt 1600. Più 200 uomini della Guardia del copro del margravio.

Cavalleria: G=Leib 200, Rhinegrave 700, Württ-

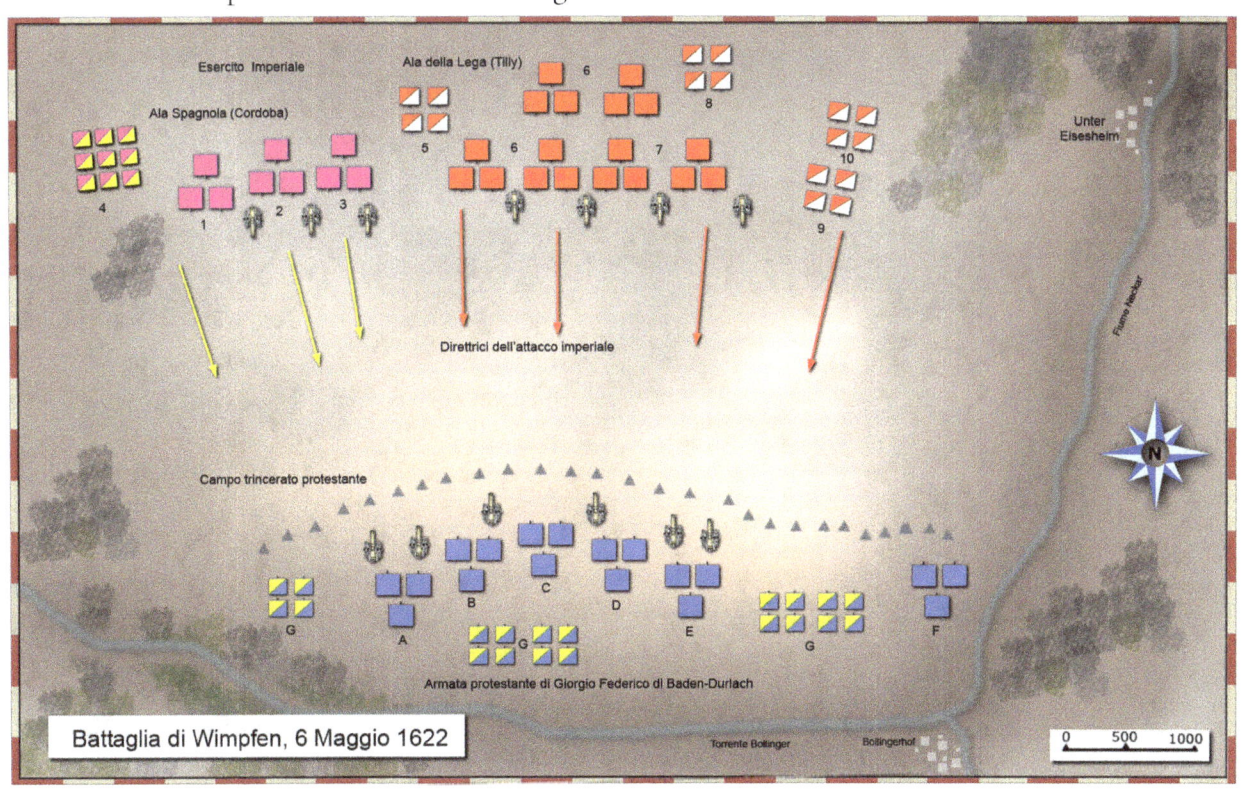

Battaglia di Wimpfen, 6 Maggio 1622

emberg 500, Sax Weimar 400, Goldstein 300, Streiff 1200. Tutti corazzieri.

Artiglieria: 3 pezzi pesanti e 8 leggeri. Più 60 carri da guerra usati per trincea.

Totale: 9.400 fanti, 3.300 cavalieri e 11 cannoni per complessivi 12.700 uomini.

Il fronte dell'armata del Baden era lungo circa 3 chilometri disposto da ovest ad est e piazzato a sud delle truppe nemiche. Alla loro destra il corso del Neckar. Mentre alle loro spalle vi era il torrente tributario Bollinger. Le truppe protestanti occupavano anche i villaggi di Biberach sulla sinistra, Ober Eisesheim sulla destra ed i ponti di Bollingerhof dove poi fuggiranno i soldati in rotta. Il Fronte imperiale aveva alla sua destra l'armata spagnola del Cordoba su 3 robusti tercio e 22 compagnie di cavalleria. Alla sinistra l'armata della Lega al comando del Tilly con la cavalleria alle ali. L'esercito imperiale era disposto a Nord ai piedi di basse colline con boschi sulla destra e alle spalle. Il villaggio di Unter Eisesheim sulla sinistra e poco dietro la cittadina di Wimpfen.

LO SCONTRO DI HOCHST

Le speranze di Federico riponevano ora sul duo Mansfeld e Cristiano di Brunswick i cui eserciti intendevano operare congiuntamente. Due giorni dopo Wimpfen, Mansfeld prese la città di Ladeburg. Passato il Reno si scontrò con il piccolo esercito imperiale operante in Alsazia agli ordini dell'arciduca Leopoldo e lo sconfisse sotto le mura di Haguenau, costringendo il fratello dell'Imperatore a riparare in Friburgo.

Il Mansfeld riattraversò il Reno portandosi nuovamente nel martoriato palatinato: a Frankentall e Mannheim. Per rifocillare le esauste truppe decisero di portarsi nell'Assia-Darmstadt di cui il langravio, pur neutrale nel conflitto, era fedele alleato dell'Imperatore.

Occupata la capitale e arrestato il langravio, sempre tallonati dall'armata della lega e da quella spagnola, proseguirono verso il Meno.

La retroguardia del Mansfeld venne però raggiunta da reparti di cavalleria mandati all'inseguimento dal Tilly, e nello scontro avuto presso

▲ *Altra veduta della battaglia di Wimpfen del 6 maggio 1622 opera del pittore Simon de Vos*

▲ *Unione Evangelica (esercito protestante): Moschettiere del Palatinato (1625-30) e picchiere dell'Assia-Kassel 1625-1630)*

il bosco di Lorsch il 10 giugno ebbe la peggio lamentando diverse perdite. Va fatto intanto cenno anche alle operazioni in Westfalia condotte per conto del vescovo elettore di Colonia, fratello di Massimiliano di Baviera da parte del suo generale: il conte Giovanni di Anholt. Questi con forze minori tormentò in schermaglie l'armata del Brunswick a partire dalla metà del 1621, poi congiuntasi all'esercito inviato dall'infanta Isabella governatrice vedova delle Fiandre, al comando di Enrico di Berg si contrapposero con maggior efficacia a Cristiano. Presero Dortmund, recuperarono le saccheggiate città di Paderborn, Zoeft e altre meno Lippstadt, difesa da una forte guarnigione. Anholt separatosi poi dal principe Enrico tornato nelle Fiandre, si ricongiunse il 5 giugno con il grosso dell'esercito imperiale per liquidare Cristiano di Brunswick. Questi stava fermo sulla testa di ponte di Hochst, uno dei tanti passaggi sul fiume Meno.

E qui il 20 giugno finirono faccia a faccia i due eserciti, assente ancora una volta l'incauto Mansfeld. Il rapporto di forza era ancora peggiore, rispetto a Wimpfen. Gli imperiali erano il doppio, Cristiano aveva con sé 13.000 fanti, 8.000 cavalieri e pochi cannoni, alcuni fuori uso.

Mentre aveva contro una possente armata di 22.000 fanti e 10.000 cavalieri con buon supporto d'artiglieria (circa 18 cannoni).

In più Cristiano aveva l'obbligo di attraversare il fiume per cercare di ricongiungersi nel migliore dei modi con l'esercito alleato del Mansfeld posto nelle vicinanze. Non poteva insomma evitare lo scontro. Fortuna sua che gli imperiali, non riu-

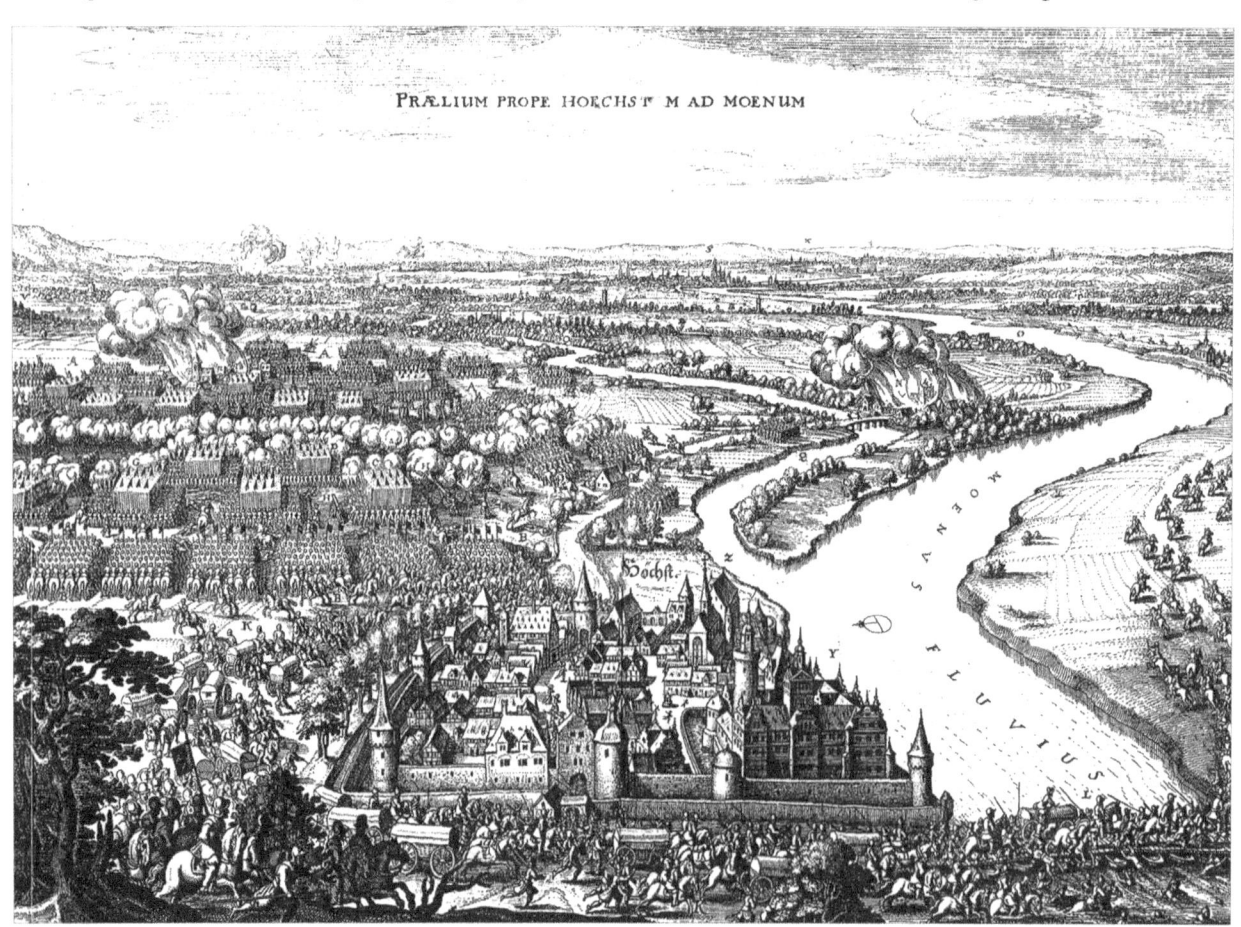

▲ *La Battaglia di Hochst sul Meno del 20 Giugno 1622. M.Merian da Theatrum Europaeum (Collezione autore)*

▲ *La Battaglia di Fleurus nel Brabante. 26 Agosto 1622. Museo del Prado*

scendo a stimare con obiettività lo stato effettivo dell'armata avversaria, procedettero con prudenza e non assalirono le poche truppe che avevano di fronte. Questo permise al conte di Brunswick di far sfilare buona parte della sua armata, e di contenere, quando poi l'assalto ebbe luogo, al meglio le proprie perdite.

Vista la situazione disperata le 3.000 perdite subite insieme ai pochi cannoni ed a quasi tutto il carriaggio, questa ritirata poteva considerarsi un mezzo successo (avvalorato anche dal salvataggio del tesoro dell'armata).

Ovviamente in campo imperiale l'azione venne salutata con entusiasmo. La vittoria era costata solo qualche centinaio di caduti, e le bandiere di Ferdinando sommavano una vittoria dietro l'altra. Mansfeld riunendo le branche dei due eserciti tedeschi sconfitti radunava ora un'armata di circa 25.000 uomini contro i 30.000 dei suoi inseguitori. Tilly ora si diede all'occupazione del Palatinato inferiore. Caddero una dopo l'altra Heidelberg, Mannheim e tutte le più importanti città del principato, solo Frankentall con la sua forte guarnigione inglese (unico aiuto del suocero Giacomo I) resistette all'assedio.

I Bavaresi oltre a togliere l'elegante capitale di Federico, la saccheggiarono e sottrassero anche la famosa e sontuosa biblioteca palatina che venne munificamente donata al Pontefice, a Roma, dove ancora oggi si trova.

LA FINE DELLA TREGUA OLANDESE

L'arciduca Alberto prima di morire aveva cercato qualche abboccamento con le autorità olandesi, inviando il suo cancelliere alla corte di Maurizio di Nassau per sondare il terreno in vista dello scadere della tregua dei 12 anni stipulata nell'aprile del 1609. Al di là della benevola accoglienza offerta dal Nassau, non se ne fece nulla, ed allo scadere della data ricominciò il conflitto fra la corona spagnola e le Province unite.

Fino ad allora gli stati generali non vollero correre rischi di intervento diretto nel conflitto tedesco, sebbene disposti a prestare ufficiali e denaro per l'acquisto di armi ed equipaggiamenti, essi non potevano permettersi il lusso di esser i primi sostenitori della causa protestante.

Ora la morte di due grandi protagonisti quali l'arciduca Alberto e quella del suo sovrano Filippo III avvenuta qualche mese prima, il 31 marzo riaprivano la questione in tutta la sua gravità.

Iniziarono per primi gli olandesi con una scorreria dalle parti di Anversa. Ma a fine agosto Spinola tenne una grande rassegna militare a Maastricht con 40.000 soldati.

Inviò come prima cosa Enrico di Berg ad occupare la cittadina di Gennep sulla Mosa, ed intraprese la campagna per la conquista dello Julich. Disturbato costantemente dall'Orange, portò a termine l'assedio dopo cinque mesi prendendo la guarnigione olandese e con essa tutta la città per fame e per sete offrendo un'onorevole resa ai primi di febbraio. Intanto si affacciavano all'o-

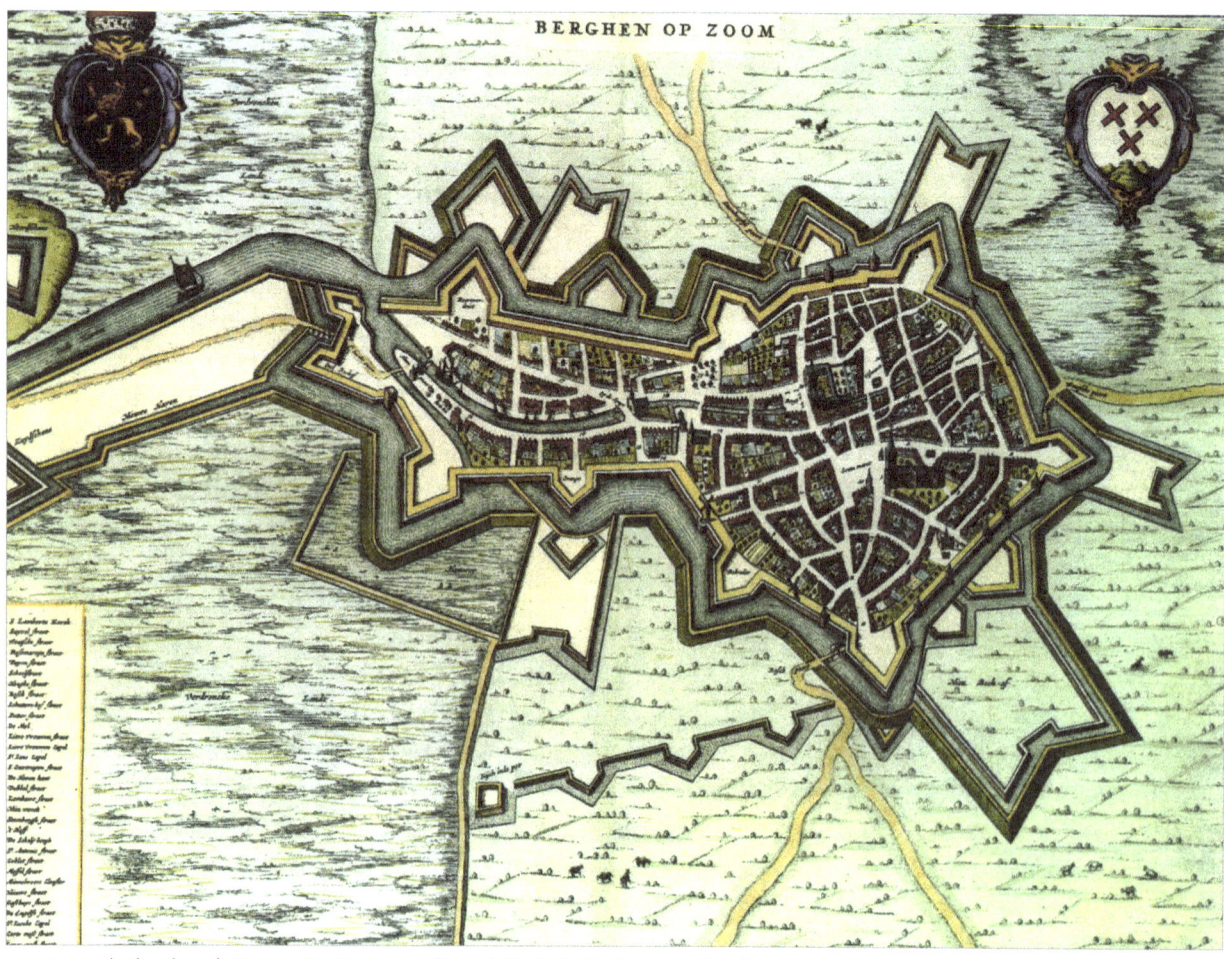

▲ *La città olandese di Bergen Op Zoom assediata dallo Spinola. Stampa olandese coeva*

rizzonte le nuove autorità di Madrid, vale a dire il nuovo Re Filippo IV, e soprattutto il suo nuovo primo ministro Gaspare de Guzman conte di Olivares che si affrettò ad esonerare i ministri precedenti ed a instaurare una sorta di dittatura personale. Nell'estate successiva Spinola portò poi il conflitto in casa olandese mettendo sotto assedio l'importante piazzaforte di Bergen Op Zoom. Ed è lì che puntavano ora i resti dell'esercito di Mansfeld appena licenziato da Federico V in aiuto agli alleati olandesi, suoi nuovi "datori" di lavoro. Spinola inviò truppe ad intercettarli al comando del Cordova. Lo scontro avvenne a Fleurus fra 8.000 spagnoli e quasi il doppio di protestanti, e furono 5 ore di bagno di sangue, al termine delle quali, grazie all'eroismo di Cristiano di Brunswick, che nell'azione perse anche un braccio, i protestanti si aprirono la strada per Bergen op Zoom dove giunsero il 4 ottobre giusto in tempo per liberare la città dall'assedio spagnolo. Questa "vittoria" strategica era costata loro più di 5.000 uomini, oltre alla perdita di 18 stendardi e 11 cannoni, contro, le poco più di 1.000 perdite subite dagli spagnoli.

LA FINE DELLA FASE TEDESCA

Dopo i consueti quartieri invernali, la Guerra ricominciò nella primavera del 1623.
La situazione strategica era questa: il generale Mansfeld se ne stava tranquillo in Olanda a godersi i suoi recenti guadagni.
L'irrequieto Cristiano di Brunswick voleva invece l'azione. L'impavido principe, oramai da tutti definito *"il matto di Halberstadt"*, fidava nella sua cieca ed ostinata idea di poter risolvere ogni cosa con l'audacia e l'aiuto divino.
Quindi, nel marzo 1623, si portò con poco meno di 10.000 uomini nel cosiddetto circolo della bassa Sassonia. Qui occupò velocemente alcuni principati e vescovati ed ottenne l'alleanza dei soli calvinisti dell'Assia-Kassel.
L'avvicinarsi minaccioso del Tilly, ben deciso a

farla finita una volta per tutte, mise infatti molta tensione ai principi locali. Questi in un primo tempo pensarono ad una ribellione militare, accettando le lusinghe del Brunswick, il quale li incitava ad insorgere nel nome della libertà.
Poi però decisero saggiamente di rimettersi alla clemenza dell'imperatore, accentandone la sua autorità in maniera completa.
Il Brunswick nonostante ciò riuscì a reclutare forze per 25.000 uomini, con sufficiente artiglieria e alcuni validi generali come il famoso duo di fratelli "soldati" Sassonia-Weimar.
Tilly entrò in Sassonia il 13 luglio e subito inviò un ultimatum al principe Cristiano. Questi, dopo averlo respinto sdegnosamente, operò una ritirata per riparare alla bene meglio nella vicina Olanda, con la sua armata raffazzonata, piena di reclute inesperte, e con un treno di bagagli lunghissimo ed ingombrante, lasciando il suo paese in preda alle truppe imperiali. Nel viaggio Cristiano tentò nuovamente di unirsi a Mansfeld, il quale si era nel frattempo spostato nella sicura Munster in Westfalia, ma questi era ormai assai poco interessato ad unire le sue fortune militari a quelle del Pazzo di Halberstadt, e non diede la sua collaborazione. Sempre inseguito dal Tilly, le cui avanguardie raggiunsero il 4 agosto l'armata protestante, Cristiano a soli pochi chilometri dal confine olandese, dovette affrontare in battaglia il temibile esercito della Lega. Cristiano avrebbe comunque avuto qualche possibilità di sottrarsi allo scontro, abbandonando il ricco ma ostacolante bagaglio. Ma tutto ciò era tutt'altro che facile. Il suo bagaglio consisteva di un bottino enorme, valutabile in alcuni milioni di fiorini, nelle famiglie e negli averi dei suoi uomini. La perdita di tale tesoro avrebbe significato una sconfitta pari a quella ottenuta sul campo.
C'era poi la precedente impresa del "passaggio" nella battaglia di Hochst. Allora andò bene, anche stavolta poteva ripetersi. Intanto, nella giornata del 6, Tilly si trovava in faccia all'esercito

▲ *Cristiano von Braunschweig-Wolfenbüttel. Ritratto da J.A. Van Ravesteyn, 1620, Heidelberg, Kurpfälzisches Museum.*

avversario, nei pressi del piccolo villaggio di Stadtlohn, a pochi chilometri dalla frontiera olandese. L'esercito della lega cattolica era assai più numeroso, agile e veloce. Composto di veterani alla guida di un esperto comandante, esso era formato da 21.000 uomini (16.000 fanti ed il resto cavalieri) con 14 cannoni.

L'esercito della bassa Sassonia poteva opporre 16.000 uomini (12.000 fanti e 4.000 cavalieri) con 18 cannoni. Cristiano era meglio disposto, con il terreno dalla sua, in cima alla collina migliore, ma Tilly non nutriva alcun dubbio sull'esito della giornata. Egli fu solo infastidito dal motto che campeggiava sugli stendardi di Cristiano il pazzo: *Tutto per Dio e per lei* (dove lei era Elisabetta Stuart moglie di Federico V). La bella regina di Boemia era infatti nel cuore dello sciagurato ed invaghito Cristiano. La stessa regina era definita invece con parole impronunciabili nel campo avverso. Iniziata con il solito scambio di cannonate (assai più precise quelle imperiali, come ci racconta il Gualdo Priorato) la battaglia proseguì con attacchi sempre più insistenti da parte dei cattolici che misero in fuga i reparti meno disposti alla sconfitta, soprattutto la cavalleria protestante che fuggì per prima. Il Tilly fece in modo di informare i soldati avversari che a coloro che avessero chiesto misericordia e gettate le armi a terra sarebbe stata risparmiata la vita.

Dopo la cavalleria, che in gran parte riuscì a guadagnarsi una via di fuga, venne la volta della fanteria e dei carriaggi. La loro ritirata si ruppe subito nella retrostante palude dove vennero praticamente tutti massacrati!

Quel giorno perdettero la vita ben 7.000 soldati del Brunswick, e 4.000 furono fatti prigionieri.

Perso gran parte dei carriaggi e ben 16 cannoni, 4 mortai e ben 100 stendardi fra bandiere reggimentali e cornette di cavalleria.

Il Tilly ebbe poco meno di 1.000 caduti, e quella di Stadtlhon può a buon merito indicarsi come la sua vittoria più netta.

Cristiano riuscì a riparare in Olanda con pochissime truppe, in maggioranza uomini a cavallo.

▲ *Interpretazione "fiamminga" della battaglia di Stadtlohn del 6 agosto 1623 - opera di Sebastian Vrancx*

Raggiunto e supportato da milizie olandesi, il disperato Duca si vendicò della sconfitta, accusando molti dei suoi ufficiali di codardia e di tradimento, alcuni dei quali subirono un processo.

Operativo sul campo, rimaneva ora il solo Mansfeld, ed è contro il "mercenario" che si muoveva ora il vittorioso esercito cattolico.

Raggiunto nella Frisia orientale dove stava procedendo al solito sistematico terribile saccheggio in mancanza di contributi diversi, Mansfeld subisce un primo smacco nello scontro di Olden Oyta. La popolazione della Westfalia, ridotta alla fame, e con le case distrutte dal Mansfeld, che così puniva chi non versava tributi alle sue casse, iniziò a difendersi con agguati sempre più frequenti, a piccoli gruppi di soldati.

Con l'esercito sempre più ridotto e allo sbando, Mansfeld decise che era ora di chiudere la partita. Si fece dare 300.000 talleri dagli olandesi, con i quali pagò gli ultimi 4 mesi alle sue truppe e sciolse l'armata. Solo, attraversando l'Olanda, giunse infine a Londra nel tardo Aprile.

La vittoria di Ferdinando era completa. I suoi eserciti occupavano il circolo della bassa Sassonia, l'Assia Kassel ed il Brunswick. Tutti questi luoghi erano ora alla sua mercé.

Il Re danese e quello inglese, incerti su da farsi, spinsero comunque Federico di Boemia a cercare un armistizio con l'imperatore.

Tilly ed un "allora" ancora oscuro ufficiale imperiale di nome Albrecht Wallenstein facevano buona guardia alle frontiere.

Era giunta l'ora, per Ferdinando, di onorare la promessa fatta a Massimiliano di Baviera nel contratto del lontano ottobre 1619: il trasferimento del titolo di elettore fra i due cugini Wittelsbach. A tale scopo venne convocata nel tardo dicembre del 1622 una dieta a Ratisbona.

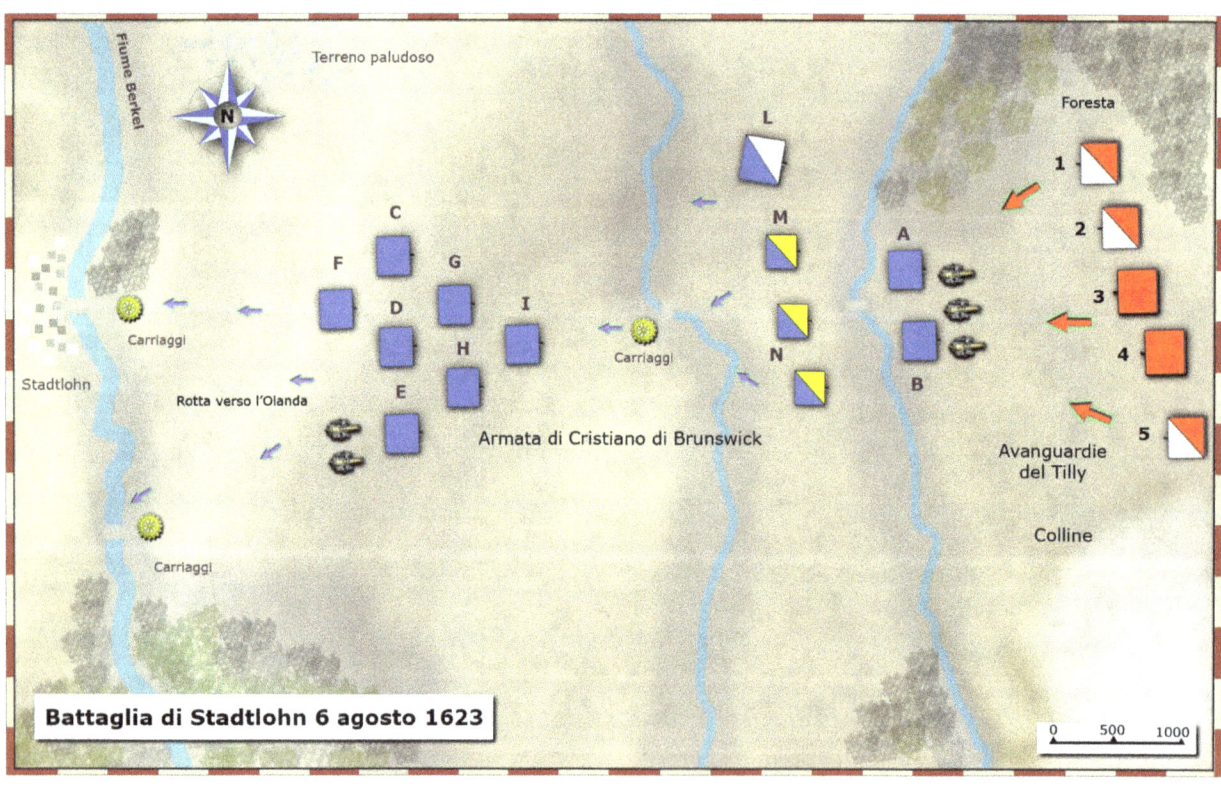

Battaglia di Stadtlohn 6 agosto 1623

LA BATTAGLIA DI STADTLOHN

Disposizioni iniziali alla battaglia di Stadtlohn.

Truppe imperiali: armata del Tilly

Fanteria:

3=Regg. Schmidt (Baviera): 1.800 uomini.

4=Regg. Mortaigne: 1400.

Alle spalle: Alt Tilly 1.500, Anholt 3.000, Herliberg 2400, Haimhausen (Baviera) 1800, Herbersdorf 1400, Balnkhart 2000 (Colonia)

Cavalleria:

1= Holstein corazzieri tedeschi 550

2= Alt Herbersdorf: corazzieri 500

3= Shonberg corazzieri del Wurzburg 500.

Alle spalle: Erwitte 300, Eynatten 400, Lindelo 400, Furstenberg 500, Pappenheim 500, Cratz 800, Salzburg 250, Nersen 500, Nivenheim 400, Alt Saxon 600, Holstein 550 e Croati 250.

In prevalenza corazzieri con archibugieri a cavallo e cavalleria leggera.

Artiglieria:

3 pezzi pesanti e 10 leggeri.

Totale: 15.300 fanti, 7000 cavalieri (probabilmente mancavano 2/3 reggimenti e quindi non vi erano più di 5000 cavalieri) e 13 cannoni. Per un totale di circa 21.000 effettivi.

Truppe di Cristiano di Brunswick:

Fanteria:

A=Sparr 2000 uomini.

B=Knyphausen 3000.

C=Sax Weimar 4000.

D=Gortzke (olandesi) 2000.

E=Meyen 3000.

F=Pithan 1000

G=Franck 2000

H=Spee 3000

I=Leib 3000

Cavalleria:

L=Plato (dragoni) 600.

M=Isenburg (corazzieri) 500.

N=Thurn (Corazzieri) 1000.

Più i seguenti: Leib 1000, Rhinegrave 500, Styrum 500, Gortzke 200, Sax Altenburg 1000, Sax Weimar 500, Wersabe 500.

Artiglieria:

6 pezzi pesanti e 12 leggeri.

Totale: 12.000 fanti, 4000 cavalieri e 18 cannoni per complessivi 16.000 uomini. (Le indicazioni fornite sopra per ogni reggimento si riferiscono ad organici nominali, in effetti sul campo essi non arrivarono che ai totali riportati).

Il fronte dell'armata del Brunswick, inseguita ad est dalle truppe nemiche, era costituito da una coda lunga diversi chilometri; disposto da est ad ovest che cercava di raggiungere la frontiera olandese. Lungo il cammino si presentarono diversi fiumi e corsi d'acqua a sbarrare la ritirata.

Il più importante era il fiume Berkel sulle rive del quale sorgeva la cittadina di Stadtlohn. A nord vi era una zona paludosa, ricca di acquitrini.

Il salvataggio del tesoro e dei carriaggi comportò numerosi problemi al ripiegamento dell'armata protestante. Le posizioni di partenza delle prime avanguardie del Tilly erano nel mezzo fra una foresta alle spalle e basse colline a sud.

▲ *Altra immagine della battaglia di Stadtlohn.*

L'ASSEMBLEA DI RATISBONA (1623)

L'Imperatore Ferdinando giunse nella città di Ratisbona il 24 novembre 1622. I lavori iniziarono però solo il 7 gennaio 1623. L'Imperatore lesse e discusse tutte le cartelle che contenevano il sunto della guerra contro l'usurpatore Federico Palatino.

Lo scopo, neanche tanto nascosto, dell'assemblea era quello di conferire il titolo di elettore già di Federico al suo più importante alleato: Massimiliano di Baviera. La trasmissione a un principe cattolico dell'Elettorato Palatino sin allora di religione contraria, doveva creare nella parte protestante una sentita opposizione e Ferdinando non si era mai illuso a riguardo.

Prese ovviamente in considerazione di arrivare ad un accomodamento con l'Elettore Palatino, specialmente a seguito delle grosse pressioni del Re d'Inghilterra, essendo in ciò appoggiato perfino dalla corte di Madrid. Subito però riflette sul fatto che non gli sarebbe stato possibile trovare altrove un compenso adeguato all'aiuto reso da Massimiliano di Baviera per il suo concorso nella guerra. Il Duca di Baviera, per parte sua, insistette molto risolutamente sul mantenimento degli accordi firmati nel 1619, in forza del quale l'Imperatore gli aveva, in risarcimento delle sue spese di guerra, sostanzialmente già promesso l'elettorato. Il duca aveva tanto sollecitato l'imperatore, che questi aveva dovuto rinnovargli il 22 settembre 1621 quest'ultima promessa addirittura per iscritto. Del resto Massimiliano, con il chiaro intento di forzare maggiormente la mano chiese a titolo di indennizzo per le spese sostenute, una cifra talmente elevata che Ferdinando non ebbe altra scelta. In più il duca bavarese fu altrettanto risoluto dal pretendere, oltre al titolo, anche l'intero territorio, già appannaggio del Conte Palatino. La corte imperiale tentò ogni via, anche prima della dieta di Ratisbona per convincere il signore di Monaco a pretese più miti, ma fu tutto inutile. Nell'occasione, grande alleato di Massimiliano si dimostrò il nuovo Papa Gregorio XV, che occupava la sede di S. Pietro dal 9 febbraio 1621; questi si occupava con energia ben maggiore di quella usata da Pio V, suo predecessore, nell'ampliare la potenza della Chiesa cattolica.

A tale scopo aveva moltiplicato lo sforzo economico per garantire grosse sovvenzioni all'Imperatore e alla Lega, e per le stesse ragioni si mostrava assai vicino a Massimiliano, comprendendo bene quale immenso vantaggio ne sarebbe tornato al cattolicesimo in Germania, se quel principe avesse acquistato la dignità elettorale.

Per di più esortò Filippo IV di Spagna a non opporsi a quella scelta. Ma proprio da Madrid, nella figura del nuovo rampante primo ministro Olivares venivano i distinguo più robusti.

Olivares non aveva dubbi sul fatto che non si poteva spogliare completamente lo sconfitto Federico del Palatinato, né tanto meno trasferire l'elettorato a Massimiliano, certo che tale aspetto avrebbe prolungato indefinitamente la guerra, che avrebbe finito con il dissanguare "anche" le casse di Madrid. Inoltre la corte di Spagna era molto desiderosa di conservare l'amicizia dell'Inghilterra con cui aveva fino ad allora mantenuto buone relazioni.

La Spagna insomma non poteva permettersi il lusso di una rottura con Giacomo d'Inghilterra, il quale fra l'altro minacciava l'invio di truppe se la città di Heidelberg non fosse stata consegnata al re di Spagna nel termine di due mesi.

Il Re inglese era anche molto infastidito dallo sfortunato episodio delle lettere spedite dall'Imperatore a Madrid, in cui si citava il progetto del trasferimento elettorale, cadute disgraziatamente in mano a soldati di Mansfeld, il quale le rese pubbliche immediatamente.

CRISTIANO DI BRUNSWICK-WOLFENBUTTEL (1599-1626)

Il matto di Halberstadt

Cristiano era il giovane rampollo di casa Brunswick-Wolfenbuttel. Sin da ragazzo venne nominato amministratore (carica protestante paragonabile ad un misto di sindaco e di vescovo) della diocesi di Halberstadt.

All'epoca era uno zelante, ma non certo un fanatico protestante. Da subito mostrò una spiccata inclinazione al mondo militare. Già nel 1619, ad appena vent'anni, arruola truppe da mandare in Boemia in aiuto degli insorti.

Nel 1621 Cristiano farà di più: organizza un intero esercito e dà inizio alla campagna del Palatinato, Westfalia e Olanda.

Prende parte alle battaglie di Hochst e di Fleurus perdendo un braccio. Dopo l'ennesima pesante sconfitta subita a Stadtlhon, ha la forza e la pervicace costanza di radunare un terzo esercito e di metterlo a disposizione del re Cristiano di Danimarca. Morirà giovanissimo, durante le operazioni per un blocco intestinale provocato da ignoti parassiti; *"mangiato dai vermi"*, si disse allora. Soldato per convinzione, iniziò come cadetto nell'esercito olandese. Nonostante la giovane età si dimostrò una valente comandante ed organizzatore, ma contemporaneamente mostrò scarsissima esperienza sul terreno della strategia che lo portò ad esempio ad accettare battaglia quando proprio non gli conveniva,

Cristianus D.G. Postulatus Epus Halberstadtensis Dux Brunsvicensis et Luneburgensis, &c.
eques insignis Henrici religionem in Mech. &c. Maioribus ad oram depictum, et Guilielmi
Iacobi Delphio sculptore hac forma caelaturam delineant conseverant, pictor ac sculptor.
Composuitque Filio P.D.D. Ordinar. Canonicor. Anno M.DC.XXIII.

nonostante fosse spesso circondato da esperti ufficiali che purtroppo non ascoltava. Questo personaggio romantico, a suo modo atipico e fuori dal tempo, innamorato della "sua" regina di Boemia. Tanto irresponsabile, irriverente e temerario divenne presto una figura mitica e leggendaria meritandosi in tutto l'appellativo di *"matto di Halberstadt"*.

Con queste tristi premesse si aprirono i lavori alla presenza degli elettori, dei duchi di Baviera, di Brunswick, di Pomerania e di Mecklenburg, il Langravio dell'Assia-Darmstadt, l'arcivescovo di Salisburgo, i vescovi di Wurzburg, Bamberg e Spira. Dei principi protestanti convocati, uno solo venne in persona, il langravio di Assia-Darmstadt. Grande volontario assente: Giovanni Giorgio di Sassonia. La pubblicazione di quelle lettere spedite in Spagna lo aveva preoccupato e disgustato L'Elettore non si affrettò nemmeno troppo ad inviare i propri ambasciatori, che giunsero in ritardo a quell'assemblea.

Le loro istruzioni erano non solo di protestare contro il sequestro delle chiese luterane di Boemia ma, soprattutto, di rifiutare il loro consenso al trasferimento dell'elettorato e del Palatinato.

Dunque l'Imperatore non poteva contare sull'appoggio, in questa faccenda, del suo migliore alleato protestante nella lotta contro i suoi suddiri ribelli; molto meno ancora su quello degli altri principi protestanti.

Quando gli ambasciatori sassoni arrivarono in Ratisbona, dovevano ancora giungere quelli del Brandeburgo, Brunswick, Pomerania e Mecklenburg.

In principio lo stesso Elettore di Magonza parve opporsi al trasferimento dell'elettorato a Massimiliano; era in ciò vicino all'Elettore di Sassonia, di cui era amico.

L'ambasciatore spagnolo Onate contrastava con risolutezza alle pretese del duca di Baviera.

In queste circostanze così sfavorevoli, Ferdinando, in una solenne seduta tenuta il 17 gennaio 1623, presentò all'Elettore di Magonza la proposta che doveva servire di base alle deliberazioni, e già nel primo paragrafo indicava l'intenzione dell'Imperatore di privare il conte Palatino del suo elettorato per conferirlo a Massimiliano.

I punti successivi, in realtà, erano solamente riguardanti affari di minore o nulla importanza.

Si capisce che tutti questi passarono in seconda fila nelle discussioni.

Date le premesse, la questione doveva indubbiamente condurre ad un aperto dissidio ed il 26 gennaio l'Elettore di Magonza dovette decidersi a consegnare alla Cancelleria imperiale le dichiarazioni contrarie dei due partiti. Ferdinando rispose il 30 gennaio confutando la protesta dei protestanti, rivendicando il diritto (non giustificato da diversi articoli della capitolazione elettiva) di disporre liberamente dell'elettorato.

I protestanti rimasero assai colpiti ed amareggiati, ben decisi a contrastare questo fatto, e questa volta anche l'Elettore di Sassonia li sostenne saldamente. L'Imperatore, impensierito per gli armamenti che Cristiano di Brunswick stava ammassando nella bassa Sassonia insieme a Mansfeld, cominciò a capire che, di fronte all'universale opposizione dei protestanti, non sarebbe stato né facile, né possibile operare il trasferimento dell'elettorato.

Il 18 febbraio si decise a riferire per intero ai rap-

▲ *L'imperatore Ferdinando II d'Asburgo*

presentanti del duca di Baviera e dell'Elettore di Colonia, le enormi difficoltà che egli aveva nel trasferire l'elettorato a Massimiliano, e convincerli della necessità di cedere almeno parzialmente all'opposizione dei protestanti.

Il 21 febbraio gli ambasciatori dell'Elettore di Treviri istruiti dall'Imperatore proposero la soluzione che conferisse al duca di Baviera la dignità elettorale, ma che si trattasse anche in merito alla riconciliazione con il conte Palatino, e fosse a tal fine convocata una nuova assemblea.

Se neanche in questo caso si fosse trovata una soluzione, sarebbe spettato al collegio elettorale giudicare se l'Imperatore avesse il diritto di disporre liberamente dell'elettorato, o dovesse conferirlo ai figli ed eredi del conte Palatino.

In quanto al duca di Baviera, egli doveva prendere per iscritto l'impegno di sottomettersi a questa sentenza del collegio degli elettori, e di rinunziare eventualmente alla dignità elettorale.

Forte di questa possibilità Ferdinando si decise e prese la sua ultima sua decisione: *"A cagione dei suoi gravi e inescusabili reati"* punì il conte Palatino privandolo dell'elettorato, promettendogli la sua grazia se *"consentisse alla dovuta umiliazione e richiesta di perdono, e smettesse qualsiasi macchinazione"*.

Promise inoltre di esaminare i diritti dei figli e a tal fine di trattare col re d'Inghilterra; quindi conferì l'elettorato a Massimiliano valido fino alla sua esistenza in vita.

Il 25 febbraio ebbe luogo la solenne investitura di Massimiliano in conformità di questa ultima decisione imperiale. I protestanti avevano dunque buone ragioni per angosciarsi e preoccuparsi per un futuro che vedevano nero.

Questa fu una grande vittoria per il Papa, la più grande che il cattolicesimo avesse da lungo tempo riportata nell'Impero. E Massimiliano inviò una sentita e calorosa lettera di gratitudine a Gregorio XV: *"Vostra Santità non ha solamente favorito l'adempimento di questo atto, lo ha realmente effettuato colle Sue ammonizioni, la Sua autorità, le Sue zelanti premure; bisogna ascriverlo completamente al favore e alla vigilanza di Vostra Santità."*.

C'era però il rovescio della medaglia, cosa che aveva fatto insistentemente notare sino all'ultimo momento l'ambasciatore spagnolo, che certo si conosceva essere un cattolico zelante.

Egli non cessava di far osservare che questa deliberazione avrebbe certamente provocato nuovi conflitti. Spettava all'avvenire dimostrare chi dei due avesse alla fine ragione.

Intanto si affacciava all'orizzonte la fiera figura del re di Danimarca...

▲ *Presentazione del nuovo elettore il Duca Massimiliano I di Baviera ai principi ala dieta di Ratisbona nel 1623*

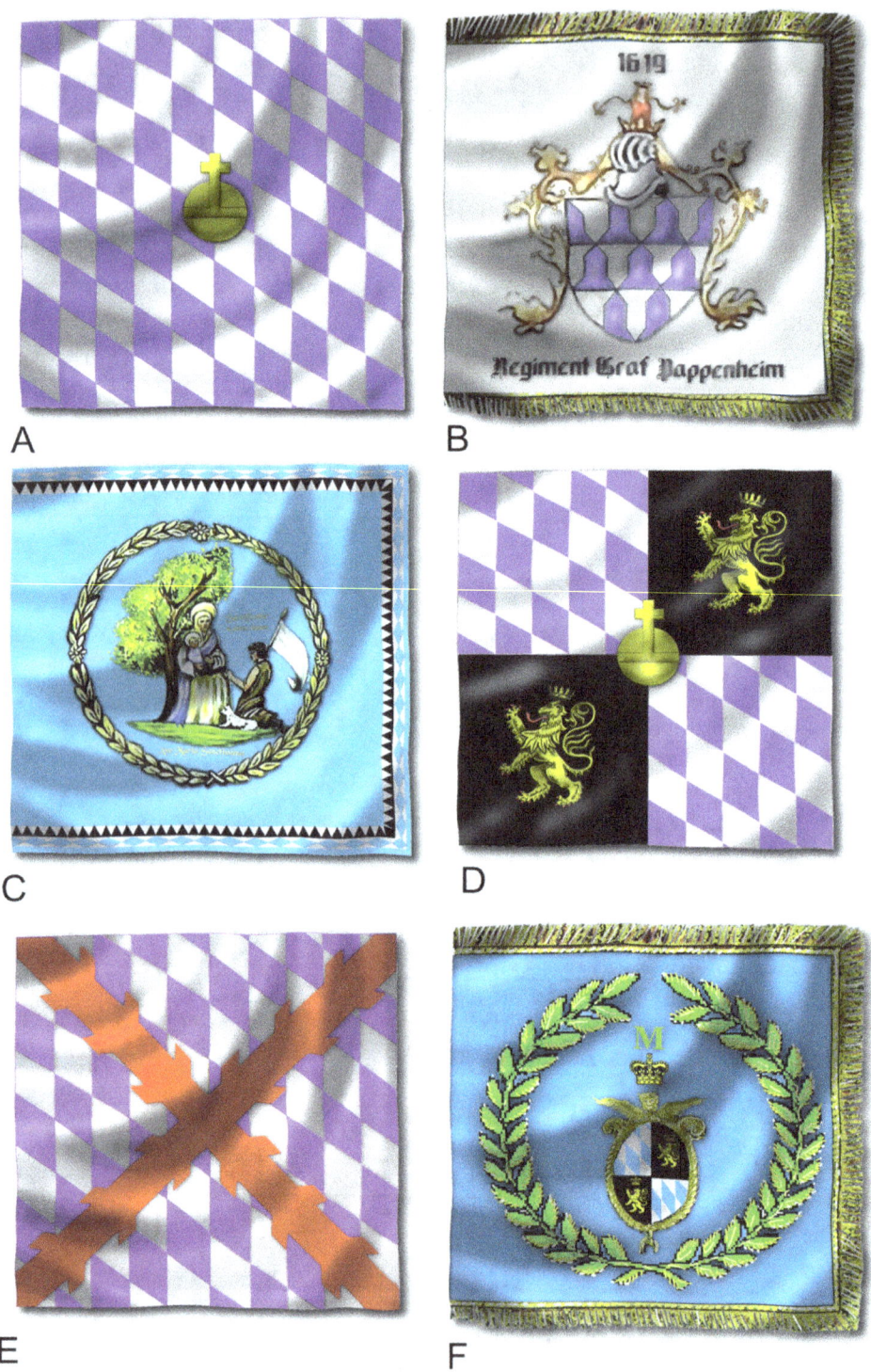

A

B

C

D

E

F

▲ *Bandiere Lega cattolica (Baviera): gli stendardi A, D ed E sono di reggimenti di fanteria generici, Lo stendardo B appartiene ad un reggimento di corazzieri del duca di Pappenheim, La grande bandiera C è del reggimento Jeune Tilly questa insieme alla bandiera F sono oggi conservate a Stoccolma. Tavola dell'autore.*

Theatrum Europaeum
Il Giornale del tempo…

*In questo numero: Simplicio vede a sacco casa e beni. D H.J.C.Grimmelshausen
Le guerre Ugonotte e l'assedio di Montauban- Matthäus Merian il grande incisore svizzero*

L'AVVENTUROSO SIMPLICISSIMUS

"*Simplicio vede a sacco casa e beni senza che alcun la soldataglia infreni*"
Tratto dall'opera di Hans Jakob Christoffel Grimmelshausen, Der Abentheurliche Simplicissimus (L'avventuroso Simplicissimus) ossia: la descrizione della vita di uno strano Errante, chiamato Melchiorre Sternfels von Fuchshaim; dove e in qual forma egli è venuto al mondo, ciò che in questo ha visto, imparato e vissuto e sofferto, e perché lo ha volontariamente abbandonato.
La storia del protagonista, che da semplice pastorello diventa prima buffone, poi avventuriero giramondo e infine eremita, mostra al lettore in chiave allegorica diversi comportamenti dell'uomo rispetto a Dio e al mondo.

La Guerra dei Trent'anni non fa solo da sfondo storico in cui si svolge la vita di Simplicio, essa è contemporaneamente il simbolo della volubilità della vita terrena e, quindi, satira dell'affannarsi del mondo. Più il protagonista entra in relazione con il mondo esterno e guadagna la considerazione altrui, più si allontana da Dio. Una conoscenza del mondo sempre più ampia lo porta infine alla conoscenza di sé stesso e, quindi, di Dio.
Al termine del libro, Simplicio decide di rinnegare il mondo e di vivere come un eremita per salvare la propria anima..

"*…Sebbene non abbia intenzione di condurre il pacifico lettore con questa schiera ribalda e scervellata nella casa e nella corte di mio padre, perché vi sarà là un gran brutto vedere, tuttavia la continuazione*

▲ *Brutalità, saccheggi e violenze erano all'ordine del giorno durante la guerra dei 30 anni.*

della mia storia esige che io tramandi ai cari posteri quali atrocità orribili e inaudite siano state compiute in questa nostra guerra tedesca, tanto più che posso attestare con il mio proprio esempio che spesso l'Altissimo, nella sua bontà, ha dovuto colpirci con simili mali per il nostro bene; perché, caro lettore, chi mi avrebbe detto che vi è un Dio in cielo se nessun guerriero avesse distrutto la casa di mi' pa' e non fossi stato così costretto a capitar fra la gente da cui ricevetti sufficienti lumi?

Fino a poco tempo prima, io non sapevo altro né altro potevo immaginare se non che mi' pa', mi' ma' Ursula e io e il resto della servitù fossimo soli sulla terra, visto che non conoscevo altro uomo né mi era nota altra abitazione umana che non fosse la nobile sede di mio padre più sopra descritta, dove io entravo e da cui uscivo quotidianamente.

Poco dopo appresi come l'uomo venga in questo mondo, dove non possiede un'abitazione stabile, ma, molto spesso, prima che se l'aspetti, lo deve abbandonare.

Ero un uomo solo nell'aspetto e un cristiano solo di nome, ma per il resto ero una bestia.

L'Altissimo guardò tuttavia con occhi misericordiosi la mia innocenza, e volle elevarmi alla conoscenza di Lui e di me stesso. E, per quanto Egli potesse disporre di mille vie per questo scopo, volle senza dubbio

servirsi solo di quella secondo cui mi' pa' e mi' ma', a edificazione altrui, vennero castigati per la loro sbagliata educazione. La prima cosa che quei cavalieri fecero, appena entrati negli appartamenti dipinti di nero di mi' pa', fu di mettervi al riparo i loro cavalli; poi ognuno ebbe da eseguire un suo particolare lavoro di annunziata rovina e distruzione.

Alcuni si misero a macellare a lesso e ad arrosto come se si stesse preparando un gran banchetto. Altri rovistarono e misero sossopra tutta la casa senza risparmiar nemmeno la latrina, quasi ci fosse nascosto il vello d'oro di Colchide; altri ancora fecero grossi pacchi di panni, di vestiti e di tutti gli arnesi di casa, che pareva volessero metter su un mercato di rivenduglioli, e quello che non credettero opportuno prender con sé lo misero in pezzi.

Alcuni infilavan le daghe nel fieno e nella paglia come se non avessero avuto abbastanza pecore e porci da infilzare, altri tolsero le piume dai materassi e li riempirono di lardo, carne affumicata e altre vivande come se così ci si potesse dormir meglio. Altri distrussero il focolare e le finestre, che sembrava volessero annunziare un'eterna estate, spezzarono gli utensili di rame e di peltro e fecero fagotto dei rottami informi.

Appiccarono fuoco ai letti, alle tavole, alle sedie, alle panche sebbene in cortile ci fossero molte cataste di

▲ Il Saccheggio da "Les miseres et les malheurs de la guerre. Incisione di Jacques Callot (1592-1635).

legna secche. Pentole e stoviglie vennero fatte a pezzi, sia perché preferivano mangiar carne arrosto, sia perché pensavano di tener lì un unico pasto.

La nostra serva, nella stalla, fu trattata in tal modo che non ne poté più uscire, cosa che riferisco con gran vergogna. Stesero a terra, legato, il nostro garzone, gli misero un bastone attraverso la bocca e gli cacciarono in corpo una schifosa secchia di scolaticcio di stalla che chiamavano bibita svedese.

Questa però non gli piacque affatto e provocò sul suo volto strane smorfie; con questo mezzo lo obbligarono a Guidare un loro gruppo nei dintorni dove presero uomini e bestie, fra i quali erano anche mi' pa', mi' ma' e Ursula, e li condussero nel cortile.

Allora cominciarono a togliere dalle pistole le pietre focaie e a metterci invece il pollice dei contadini, e si diedero a torturare in tal modo quei poveri diavoli che nemmeno se fossero stati streghe da metter sul rogo.

Uno poi di quei prigionieri lo ficcarono nel forno e gli furono addosso col fuoco sebbene non avesse ancora confessato nulla; a un altro gli misero una corda intorno al capo e strinsero tanto, torcendola con un randello, che gli uscì il sangue dalla bocca, dal naso e dalle orecchie: in stimma ognuno aveva una sua propria invenzione per tormentare i disgraziati contadini, e di conseguenza ogni contadino ebbe il suo particolare martirio. Il meno disgraziato, a quanto mi parve allora, fu mi' pa', perché gli toccò di confessare con bocca ridente quel che gli altri dovettero dire tra gemiti e tormenti; e questo onore gli toccò di certo perché era il padron di casa: lo misero davanti a un fuoco, lo legarono che non poteva muover né mani né piedi e gli strofinarono con sale umido le piante dei piedi facendogliele poi leccare dalla nostra vecchia capra; ne ebbe un tal solletico che quasi schiantò dalle risa.

La cosa mi parve così graziosa e divertente (che non avevo mai udito rider tanto mi' pa') che io, per amor di compagnia, o perché non sapevo capir più in là, mi misi a ridere di cuore con lui.

Così ridendo, mi' pa' riconobbe il suo debito e svelò il tesoro nascosto: poiché era molto più ricco di oro, gemme e gioielli di quanto si potesse supporre di un

▲ Il frontespizio del famoso libello di Grimmelshausen

contadino. Non ho molto da dire delle donne, serve e ragazze, perché i guerrieri non mi fecero vedere quel che combinavano con loro; ricordo solo, assai bene, che ogni tanto si levavano dagli angoli gemiti lamentosi, e credo che mi' ma' e la nostra Ursula non se la siano cavata meglio delle altre.

In mezzo a tante miserie, io giravo lo spiedo e non mi occupavo di nulla perché non capivo ancor bene come stessero le cose; al pomeriggio, poi, aiutai ad abbeverare i cavalli e così potei entrare nella stalla dov'era la nostra serva. Essa aveva un aspetto stranamente sconciato, tanto che non la riconobbi, e mi disse con voce languente: "Ragazzo, scappa, se no i cavalieri ti porteranno via con sé. Fa in modo di andartene, vedi bene come è brutto tutto questo". E non poté dir di più...."

LE GUERRE UGONOTTE

Le guerre di religione francesi, meglio conosciute con il nome di guerre ugonotte scoppiarono in tutta la loro violenza nella seconda parte del 500 e si svilupparono anche al 600.

L'ascesa al trono di Enrico di Navarra con il nome di Enrico IV, favorita dalla sua conversione al cattolicesimo sembrò dare inizio, con l'editto di Nantes dell'aprile 1598 alla pacificazione tra cattolici e protestanti francesi.

Alla morte per assassinio di Re Enrico ripresero le persecuzioni, accendendo così una nuova fase della guerra civile. Gli ugonotti francesi, che il nuovo primo ministro di Re Luigi XIII considerava come un vero "stato nello stato", cercavano di garantirsi il sostegno dell'Inghilterra; il primo importante provvedimento politico adottato da Richelieu fu la grande idea diplomatica di cercare l'amicizia inglese con il tramite del matrimonio tra la sorella del Re, Enrichetta Maria, e il principe di Galles, il futuro Carlo I d'Inghilterra. Vedendo nel potere degli Ugonotti francesi una continua minaccia alla stabilità della monarchia, soprattutto dopo la loro assemblea generale di La Rochelle del 1620. La monarchia francese diede inizio ad una guerra civile, che tenne occupata la Francia e quindi lontana dallo scacchiere della guerra dei 30 anni fino al 1628, quando Richelieu cinse d'assedio La Rochelle, ultima roccaforte dei protestanti fino alla sua completa resa.

La pace venne infine raggiunta attraverso l'accordo detto: "grazia di Alais" che confermava agli Ugonotti la libertà di culto, ma distruggeva la loro forza politica e militare.

Luigi XIV ostinatamente riaprirà più tardi le ostilità facendosi fautore di una linea di rigida intransigenza che lo portò a revocare l'editto di Nantes (18 ottobre 1685).

Migliaia di Ugonotti cercarono allora rifugio in Inghilterra, Germania, Olanda, Svizzera e nelle colonie inglesi nordamericane del Massachusetts, New York e South Carolina; gli altri, circa un milione, rimasero in patria, sistematicamente avversati dalla corona fino quasi alla rivoluzione francese verso la fine del '700!

Quello che segue è un breve stralcio della guerra ugonotta degli anni 20 del 600 scritto dallo storico francese Giacomo Hardion nel tardo settecento:

...Vedendo i calvinisti che il re proteggeva seriamente la religione cattolica, e tendeva a domare la loro prepotenza, ed insolente orgoglio col quale sempre s'opponevano a tutti i regi decreti sotto il pretesto di vantati privilegi, cominciarono a tenere conventicole nelle province del Regno, e decretarono un'assemblea generale alla Rocella per il 26 Ottobre 1620.

Il Re proibì espressamente tale assemblea, ma gli eretici non conoscevano alcuna ubbidienza. L'assemblea si radunò, e pretese giustificare la sua condotta: ma il re non volle dare ascolto senza che essa si sciogliesse.

Essi allora si ribellarono formalmente, e decisero di convertire la Francia in una Repubblica, che divisero in otto circoli. La guerra cominciò e le armi del re furono per ogni dove vittoriose, a riserva che si dovette abbandonare l'assedio di Montauban, e che i calvinisti s'impadronirono di Mompellier.

Il capo della ribellione fu il Duca di Rohan.

Il Duca di Bovillon, principe di Sedan, fu nominato Generalissimo degli ugonotti, ma ricusò l'impiego, e si tenne quieto. Molti dei capi degli Ugonotti si dichiararono per l'ubbidienza verso il Sovrano, come Suplessis Mornay, il Conte della Cressioniere, Cileno ed altri.... Nel 1621 il Re Re mandò Bassompierre in Spagna per tentare di finire la guerra dei Grigioni, e della Valtellina sostenuta da diverse potenze.

Il Re Filippo terzo morì in quel tempo, e nulla si conchiuse per allora. In questo anno morì di febbre il de Luynes avanti alla città di Montauban della quale si faceva l'assedio. Aveva egli 43 anni ed era insieme Gran Conestabile, e Guardia Sigilli; il Re fu libero da un favorito che per troppa debolezza aveva innalzato, e per troppa debolezza non seppe poi liberarsene.

Il marchese di Lesdiguieres ottenne la spade di Conestabile. La guerra cogli Ugonotti si proseguiva con varia fortuna; ma disfatta l'armata dei ribelli dal Duca di Guisa, dopo due anni si venne ad una breve pace, in cui fu confermato l'Editto di Nantes, ed i privilegi degli Ugonotti, e così neppure questa volta s'arrivò a por freno a questi perturbatori del Regno.

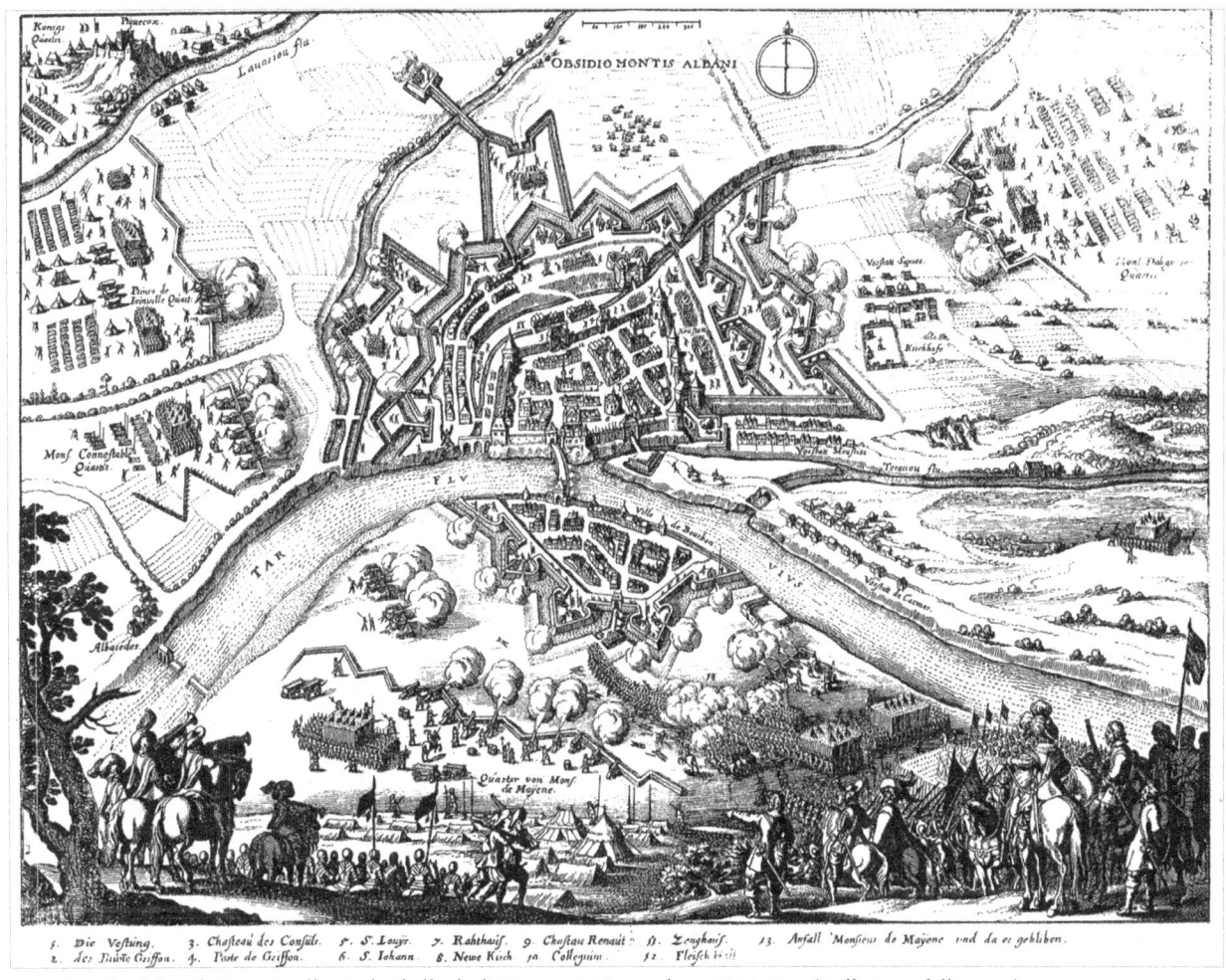

▲ L'assedio del re di Francia alla città ribelle degli Ugonotti: Montauban. M.Merian (Collezione dell'autore)

Matthäus Merian

Il grande incisore svizzero Matthäus Merian il vecchio, nacque a Basilea il 22 Settembre 1593. Incisore, disegnatore ed editore di tavole su rame. Portò la scienza dell'incisione ad un elevato standard qualitativo, estremamente accurato, tanto che le sue stampe sono attualissime ancora oggi. Merian iniziò la sua attività a Basilea come decoratore di vetrate, ricevette più tardi a Zurigo la tecnica dell'incisione. Dal 1610 al 1620 egli fu in più parti d'Europa: Francia, Germania, Italia e Olanda. Iniziò l'attività editoriale nella sua città natale, si spostò poi a Stoccarda, Oppenheim ed infine a Francoforte dove prese moglie nella figlia del noto editore J.Teodoro de Bry.
Nella sua lunga carriera produsse molti lavori fra cui il notissimo *Theatrum Europaeum*, ma anche testi di botanica, teologia, medicina, astronomia, zoologia ed alchimia. Dal 1642 inizia il suo capolavoro: *la Topographia Germaniae* su 16 volumi, che contiene ben 2.000 tavole illustrate dedicate alle città tedesche, mappe e paesaggi. Un lavoro immane che proseguì anche dopo la sua morte avvenuta nel giugno del 1650 a Schwalbach, e venne completato nel 1688 da parte del figlio che ebbe lo stesso nome.

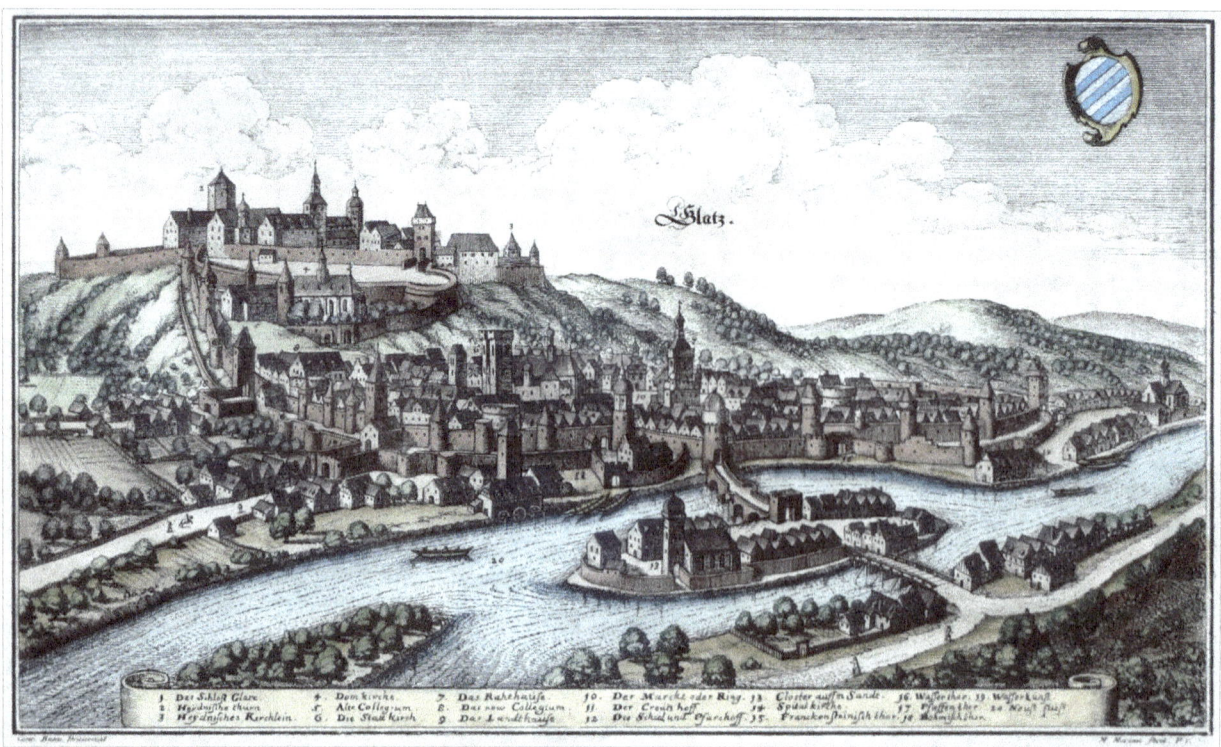

▲ *La città di Glatz in Slesia, in una splendida incisione di M.Merian*

INDICE
DEL PRIMO VOLUME

- Prefazione e note dell'autore · · · · · · · · · · · · · Pag. 5

- Capitolo 1 · Pag. 7
La Guerra dei Trent'anni 1618-1648
Il primo grande conflitto europeo

- Capitolo 2 · Pag. 39
La fase Palatino-boema (1618-1625)
La guerra in Boemia

- Capitolo 3 · Pag. 87
LA fase Palatino-tedesca (1621-1625)

L'OPERA COMPLETA
SU CINQUE VOLUMI

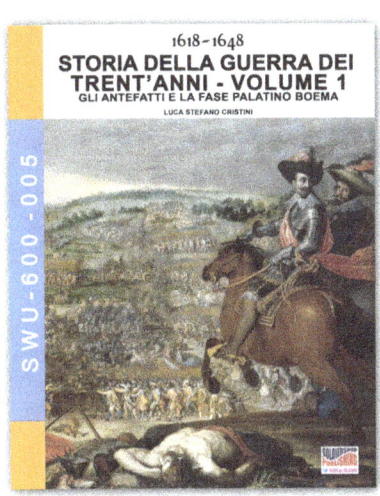

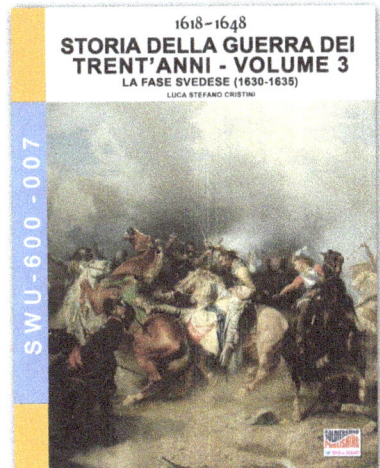

www.ingramcontent.com/pod-product-compliance
Lightning Source LLC
Chambersburg PA
CBHW081719120626
46550CB00010B/3179